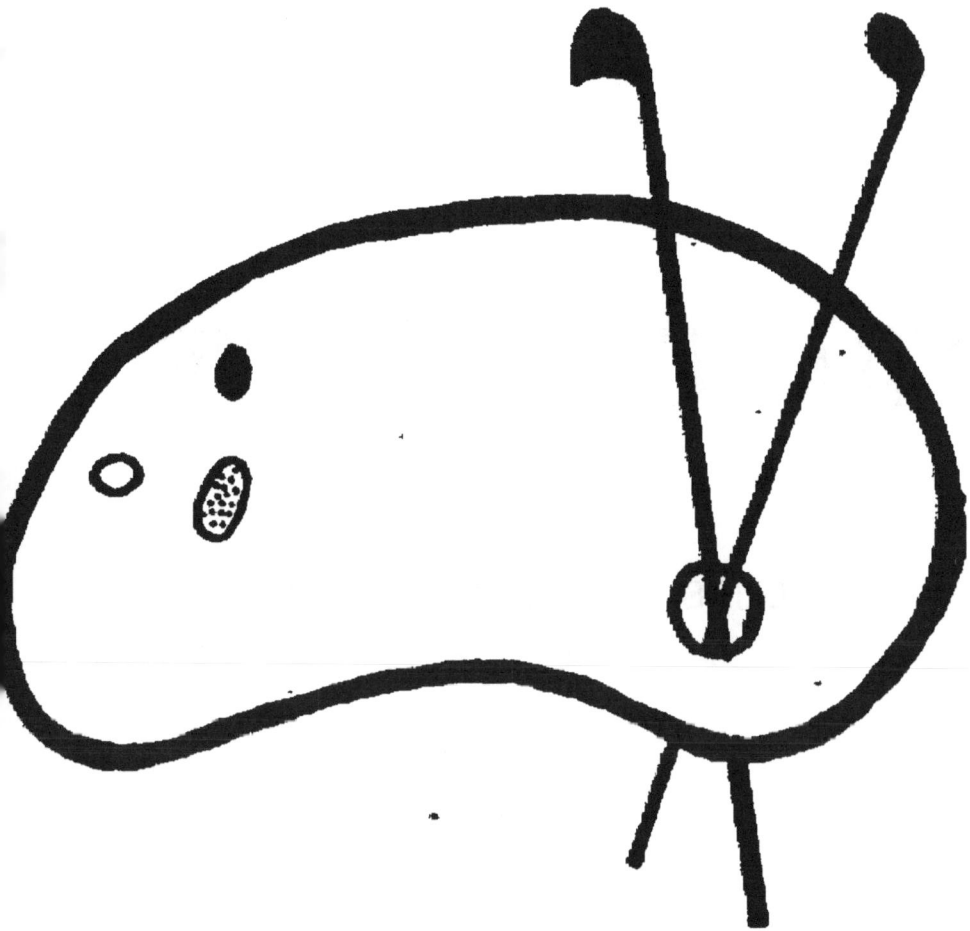

DEBUT D'UNE SERIE DE DOCUMENTS
EN COULEUR

HISTOIRE DES PROVINCES FRANÇAISES
ET DES GRANDS HOMMES QU'ELLES ONT VU NAÎTRE
N° 25

LA

FRANCHE-COMTÉ

ET

QUELQUES-UNS DE SES ENFANTS

PAR

J. BÉRARD

BESANÇON

P. MOREL

65, GRANDE RUE

PARIS

SEVIN

8, BOULEVARD DES ITALIENS

1888

7873. — PARIS. IMPRIMERIE A. L. GUILLOT ET A. JULIEN

7, rue des Canettes, 7

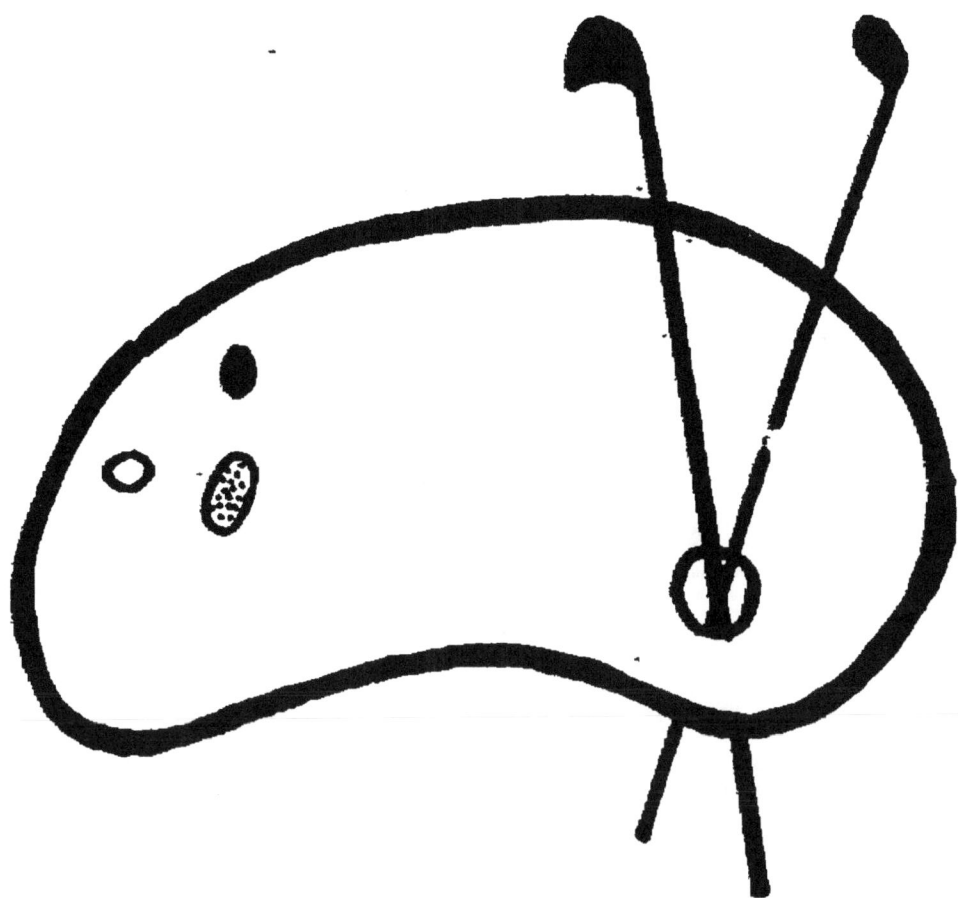

FIN D'UNE SERIE DE DOCUMENTS
EN COULEUR

LA

FRANCHE-COMTÉ

ET

QUELQUES-UNS DE SES ENFANTS

7873. — PARIS. IMPRIMERIE A. L. GUILLOT ET A. JULIEN

7, rue des Canettes, 7

HISTOIRE DES PROVINCES FRANÇAISES
ET DES GRANDS HOMMES QU'ELLES ONT VU NAITRE
N° 25

LA

FRANCHE-COMTÉ

ET

QUELQUES-UNS DE SES ENFANTS

PAR

J. BÉRARD

BESANÇON

P. MOREL

65, GRANDE RUE

PARIS

SEVIN

8, BOULEVARD DES ITALIENS

1888

LA FRANCHE-COMTÉ

ET

QUELQUES-UNS DE SES ENFANTS

CONSIDÉRATIONS GÉNÉRALES SUR LA FRANCHE-COMTÉ

Le climat, la nature du sol, les divers aspects par lesquels un pays se distingue, laissent à n'en pas douter leur empreinte sur le tempérament, les aptitudes et le caractère des hommes qui le peuplent. Aussi, avant de rappeler en quelques mots la vie et les œuvres des principaux enfants de la Franche-Comté, jetterons-nous un coup d'œil sur l'histoire de la belle province qui les a vus naître.

La Franche-Comté « cet abrégé de la France,

ce pays qui peut le mieux se passer des autres »
comme le dit si judicieusement Pellison, est de
forme ovale. Elle s'étend obliquement du sud-est
au nord-ouest et comprend un territoire d'environ 700 lieues carrées, depuis les montagnes
du Jura à l'est jusqu'à la Saône qui lui sert de
limite à l'ouest. Au nord, elle touche à la Lorraine
et se trouve dominée par les Vosges, au sud, la
Bresse, le Bugey et le pays de Gex y confinent.

A l'époque du déluge glaciaire, le sol fut très
probablement couvert de couches de glaces sous
lesquelles ont été retrouvés ensevelis des mam-
mouths. Ce sont ces glaciers qui ont transporté
les blocs erratiques répandus dans cette province
et dont le dépôt a été certainement antérieur au
soulèvement des Alpes.

Le sol de cette province est jurassique. On y
trouve des carrières de marbre, d'albâtre, de
jaspe ; de la houille, de la tourbe, des pierres de
taille ainsi que des mines d'argent. de cuivre et
de fer. Ces dernières sont très nombreuses et
riches ; le métal qu'on en retire est des plus fins
et des plus malléables ; il constitue une des plus
grandes richesses minérales du pays. Parmi les
mines de fer qui sont exploitées, on peut citer
celles de *Laissey, Bournois, Deluz, Roulans* et
Souvance. Nommons comme principales carriè-

res de marbre celles de *Pouilley-les-Vignes* (marbre noir) celles de *Malpas* et celles de *Baume-les-Dames* (marbre rouge). A *la Rivière* et à *Arçon* on trouve de belles carrières d'albâtre.

La Franche-Comté est hérissée de montagnes se rattachant vers le nord aux Vosges et vers l'est à l'importante chaine du Jura qui, lui servant de frontière, forme une muraille presque à pic du côté de la Suisse, tandis qu'elle descend gracieusement comme par gradins du côté de la France. Dans les forêts de ces montagnes vivent des loups, des renards, des sangliers et même des ours, quoique ces derniers se rencontrent rarement. Les essences principales que l'on voit dans le Jura et dans la province sont : des chênes, des hêtres, des sapins, des frênes, des merisiers, des poiriers, des pommiers sauvages, des cognassiers, du houx et du genevrier. Parmi les nombreuses et belles forêts qui couvrent une grande partie du pays, on doit citer celle de *Chailluz* qui comprend deux mille neuf cent quarante-six hectares, celle de l'*Hôpital-du-Grosbois* (mille trois cent dix-huit hectares), la superbe forêt de sapins de *Levier* et surtout celle de *Chaux* qui comprend vingt mille hectares.

Sans être comparables aux cimes élevées des Alpes ou des Pyrénées, les montagnes du Jura, moins imposantes, ont un charme tout particulier. Elles sont variées d'aspect, pittoresques, tout en offrant aux regards une certaine majesté.

En effet, de quelque côté qu'on dirige ses pas ou qu'on porte les yeux, on est charmé par un spectacle nouveau. Du haut de ces montagnes couronnées ici de neiges étincelantes, là de majestueuses forêts de sapins dont l'éternelle verdure contraste si heureusement avec la blancheur des glaciers, s'échappent des cascades, des rivières, qui, libres et capricieuses, donnent au sol une bienfaisante fraicheur, une intarissable fécondité.

Coupées de distance en distance par des gorges profondes, les montagnes laissent apercevoir des vallées ombreuses, des coteaux couverts de vignes, des solitudes pleines de poésie, des sites tour à tour sauvages ou gracieux, des campagnes bien cultivées et des forêts de chênes séculaires, non loin desquelles s'étendent les verdoyantes prairies où croissent avec le myosotis des plantes aromatiques aux riches couleurs, aux parfums pénétrants.

Au pied des collines rocheuses et abritées par elles se montrent de blanches maisons qui annoncent une certaine aisance et promettent au voyageur la plus cordiale hospitalité. De nombreux troupeaux paissent, tranquilles, dans les frais pâturages et complétant le tableau donnent une idée de la vie champêtre franc-comtoise.

Un grand nombre de cours d'eau sillonnent la Franche-Comté. On en compte plus de deux cents, portant en grande partie leurs eaux à l'Ain, à la Saône et au Rhône; un petit nombre se jette dans le Rhin, par le lac des Rousses. La Saône est navigable naturellement, le Doubs, dont nous aurons occasion de reparler, l'est devenu par la main de l'homme.

Quant à l'industrie de la Franche-Comté elle est florissante et consiste principalement dans le travail du fer et la fabrication de l'horlogerie. On trouve aussi comme industrie des filatures de coton, dont la plupart avec tissage, des tanneries, des distilleries. Mentionnons encore des fabriques de tôle, de fil de fer, de cuivre en planches et de chaudronnerie.

La Franche-Comté portait originairement le nom de *Séquanie*. Le peuple qui l'habitait était intelligent et se faisait remarquer par sa bravoure. Comme ceux des autres peuples de la Gaule, les hommes qui le formaient avaient une haute stature, le teint blanc, les cheveux blonds;

ils étaient hardis jusqu'à la témérité, francs et
crédules. Leur devise était *vaincre ou mourir,*
aussi étaient-ils sans pitié pour leurs ennemis.
Leurs femmes les accompagnaient à la guerre,
sur le champs de bataille, les excitaient et souvent combattaient à leur côté.

Les *Séquanes* s'unirent aux Gaulois dans leurs
expéditions en Italie et dans la vallée du Danube.
Ayant recouru à l'assistance des Germains, ceux-
ci, après les avoir aidés quelque temps, s'impo-
sèrent chez eux. Arioviste, roi des Suèves, s'étant
emparé d'une grande partie de leur territoire, les
Séquanes demandèrent à Jules César de les aider
à s'en délivrer. César fit demander à Arioviste
une entrevue sur territoire neutre. Mais Arioviste répondit : « Si j'avais besoin de César, j'irais
vers lui ; s'il veut de moi quelque chose, qu'il
vienne me trouver. Du reste, j'ai peine à com-
prendre quelle affaire je puis avoir à démêler
avec César dans cette Gaule que j'ai conquise
par mon armée. » César alors entra dans *Vesontio* (Besançon) où il fut reçu par les Séquanes
comme un libérateur, et Arioviste fut vaincu dans
la grande bataille qui se livra dans la plaine
d'Alsace (58 av. J.-C.). C'est cette conquête
que César appelait « sa meilleure campagne
des Gaules ». Les Séquanes, qui souhaitaient

un libérateur, ne firent que changer de maitre.

Vers l'an 180, saint Irénée, évêque de Lyon, chargea deux jeunes Athéniens, Ferréol et Ferjeux, ses disciples, d'aller répandre à Besançon les préceptes de l'Evangile. Saint Ferréol fut le premier évêque de cette ville où les chrétiens étaient déjà nombreux lorsque les deux apôtres furent mis à mort par ordre du préfet Claudius, sous le règne de Caracalla.

En 266, les barbares envahirent la Séquanie. Besançon après avoir été dévastée une première fois par des Alamans, le fut de nouveau par les Alains, puis par les Burgondes et par Attila.

Quand les Burgondes se furent établis dans les Gaules, la Franche-Comté fit partie de leur royaume; puis, elle fut englobée dans l'empire de Charlemagne. Elle appartint successivement au royaume de Provence, à Louis II, roi d'Italie, à Boson, roi de Provence et de Bourgogne.

Quelques années plus tard, cette province fut érigée en comté dans le royaume de Bourgogne: Othon-Guillaume en fut le premier comte héréditaire (995). Un de ses successeurs, Rainaud II, eut une fille, Béatrix, qui, héritière de la province, épousa l'empereur Frédéric-Barberousse. Devenue province de l'empire d'Allemagne, elle devint un moment française par le mariage de

Philippe V le Long avec Jeanne de Bourgogne. La Franche-Comté, par divers mariages, passa successivement à Philippe de Rouvre (1349), à Jean le Bon, qui la donna à son fils Philippe le Hardi. Par le mariage de Marie, fille de Charles le Téméraire, avec Maximilien, elle passa à la maison d'Autriche à qui elle appartint jusqu'en 1668. Mais avant d'arriver à cette date la Franche-Comté eut plusieurs fois à souffrir, car au mois de juin 1595, Henri IV irrité de ce que Mayenne y avait trouvé un appui, conduisit une armée et commença la campagne par le siège de Champlitte. Le roi de France prit plusieurs places, mais elles furent rendues en 1598 par le traité de Vervins. Pendant la guerre de Trente ans nous voyons cette malheureuse province lutter pendant dix ans avec une énergie héroïque contre une armée de 20 000 hommes, envoyée par Richelieu, sous la conduite de Condé. Elle ne devait être réunie à la France que par Louis XIV qui, après s'en être emparée en 1668, l'abandonna immédiatement par le traité d'Aix-la-Chapelle; mais, l'ayant conquise de nouveau en 1674, il la réunit définitivement à son royaume par le traité de Nimègue (1678), à l'époque la plus glorieuse de son règne.

La Franche-Comté, dont la capitale était Besançon, possédait deux parlements, l'un dans cette ville, l'autre à Dôle. En 1789, comme toutes les autres provinces, elle fut divisée et forma trois départements : le *Doubs*, le *Jura*, la *Haute-Saône*.

L'habitant de ces départements est en général d'une constitution vigoureuse, de taille plutôt haute que moyenne ; son regard est vif, scrutateur, sa démarche, comme sa parole, est facile, malgré quelque lourdeur.

Il possède généralement un jugement froid et sûr, montre dans ses volontés une fixité, une fermeté soutenue. Son imagination, qui est vive, ne cesse cependant pas d'être soumise au contrôle de la raison, de la vérité, de la justice.

Doué d'un esprit positif, solide, utilitaire et peu accessible à l'enthousiasme, le Franc-Comtois est sérieux, grave même, très réservé et sa circonspection dégénère quelquefois en apparente froideur, sa fermeté en obstination. Mais, sous cette apparence un peu sévère, il est bon, gai, charitable et fidèle dans ses affections. Son âme franche est ouverte aux impressions généreuses comme son cœur est sensible à l'admiration et à la pitié. Chez lui le sentiment patriotique vibre au plus haut degré et ses aptitudes militaires, son sang-froid, sa bravoure font de lui un soldat d'élite.

DÉPARTEMENT DU DOUBS

Ce département frontière tire son nom de la principale rivière qui le parcourt deux fois dans toute sa longueur. Il a pour limites : au nord-ouest et au nord la Haute-Saône ; au nord-est, le territoire de Belfort ; à l'est et au sud-est les cantons suisses de Berne, de Neufchâtel et de Vaud. Il est abrité par le Jura qui, dans ce département se compose de quatre chaînes principales.

La rivière du Doubs qui arrose ce département prend sa source au mont *Rixon* à six lieues de Pontarlier. Elle sort d'une roche que la nature a taillée en forme de coquille à neuf cent cinquante-deux mètres d'altitude. Après avoir baigné *Mouthe*, *Rochejean*, il alimente le lac de *Saint-Point*, puis traverse *Pontarlier* et, après avoir formé le lac de *Chaillexon* et séparé la France de la Suisse, il forme à *Mor-*

teau cette belle cascade appelée le *Saut du Doubs;* ensuite il arrose *Audincourt, Vougeau- court, Baume-les-Dames, Besançon,* entre dans le département du Jura où il traverse *Dôle* et va à *Verdun-sur-le-Doubs* à vingt kilomètres de *Châlon-sur-Saône* se perdre dans la Saône. Son parcours est de quatre cent cinquante kilomè- tres. Le *canal de Monsieur* le rend navigable entre *Dôle* et *Vougeaucourt.*

Le *Doubs* reçoit à droite la *Savoureuse;* à gauche la *Dessoubre* grossie déjà de la *Réve- rotte;* la *Loue* dont les principaux affluents sont la *Craie,* la *Brême* et le *Lison:* le *Dorain,* la *Guiotte.* La LOUE, le plus important de ses af- fluents est une rivière très remarquable par la beauté de la vallée qu'elle baigne et par la longueur de son cours qui est de cent quarante kilomètres.

Cette rivière prend naissance à *Ouhans,* au- dessus de *Mouthier,* dans un site agreste et plein de majesté. Tout d'abord, l'eau semble s'échap- per encore endormie de l'antre sombre qui cache sa source; puis, elle s'élance libre, irritée et se précipite en écumant sur de larges gradins for- mant en avant un immense amphithéâtre qu'elle franchit à grand bruit. Alors, pendant quelque temps elle coule entre d'immenses rochers dont les débris obstruent son lit et contribuent à la rendre infiniment pittoresque puis, elle serpente au milieu de riantes prairies. Après avoir arrosé *Mouthier*, *Lods*, *Vuillafans*, *Montgesoye*, *Ornans*, *Chenecey* et *Quingey*, la Loue se jette dans le Doubs à *Parcey* (Jura).

Le département du Doubs forme quatre arrondissements : *Besançon*, *Baume-les-Dames*, *Montbéliard* et *Pontarlier*.

BESANÇON (*Vesontio*), fut appelé *Chrysopolis* du temps de César ; son nom celte signifie *sépulcre dans une vallée*, et son origine est des plus reculées. Chef-lieu du département, Besançon, situé sur le canal du Rhône au Rhin et sur le Doubs, est traversé par cette rivière qui la divise en deux parties inégales. Protégée par des montagnes et en partie placée dans la presqu'île que forme le Doubs, c'est une des premières places fortes de l'Europe. Elle est couronnée par plusieurs forts dont les principaux sont la *Tour de Chaudanne*, et les forts du *Griffon*, de *Brégille* et de *Beauregard*. De plus la citadelle domine la place. C'est un ouvrage de Vauban, qui la construisit sur un roc inaccessible.

Besançon, ville déjà importante quand César arriva dans la Gaule, se soumit au conquérant romain (58 av. J.-C.). Devenue, sous Auguste, la métropole de la grande Séquanie elle eut sous l'empereur Aurélien une grande splendeur. Plus tard, les Burgondes (456), les Hongrois (937) la ravagèrent. Après bien des vicissitudes et des changements nombreux, elle fut ville impériale de 1181 à 1648. Réunie à l'Espagne en 1648, elle devint la capitale de la province. Vingt ans plus tard, elle fut prise par Louis XIV et rattachée à la France quelques années après. En 1814 les Autrichiens l'assiégèrent.

Aujourd'hui Besançon est le siège d'un grand commandement militaire (7e corps d'armée), elle possède une école d'artillerie, un archevêché, une académie, une faculté des sciences, une faculté des lettres et une école préparatoire de médecine.

Cette ville a de jolies promenades telles que la promenade Granvelle ornée de chutes d'eau artificielles dans des rochers ; l'île des Moineaux ; la promenade de Chamars régulièrement plantée et créée en 1740. Besançon possède aussi quelques souvenirs intéressants de l'époque romaine entre autres la *Porte Taillée*, ouvrage des Romains, mais le plus important de ces souvenirs est l'arc de triomphe qu'on a appelé jusqu'au xe siècle *Porte de Mars*, ensuite *Porte Noire*.

Ce monument, percé d'une seule arcade haute de dix mètres et large de cinq mètres soixante, décoré de huit colonnes formant deux ordres superposés, est couvert de sculptures, sujets allégoriques et sujets guerriers, malheureusement aujourd'hui assez endommagées.

Saint-Jean, la cathédrale, est une église remarquable par les différents styles d'architecture qu'on y observe ; mais le toit énorme qu'on y a remis au siècle dernier, lui donne un aspect lourd et massif. Le plan est celui des basiliques avec deux absides. Sous une des chapelles latérales s'étend une crypte où reposent les restes de huit princes de la famille des comtes de Bourgogne. Parmi les œuvres d'art qui ornent cette cathédrale, on admire surtout, dans la petite nef d'aval, la *Vierge glorieuse*, de Fra Bartolomeo ; dans la chapelle du Saint-Suaire, la *Résurrection de Jésus-Christ* par Carle Vanloo ; au dessus de la porte de la sacristie un christ du Trévisan.

Sainte-Madeleine et *Saint-Pierre*, églises datant toutes deux du XVIII° siècle, possèdent quelques bons tableaux. Dans la dernière on voit un beau groupe en pierre de Tonnerre : la *Vierge tenant Jésus mort* sur ses genoux, sculpté par Luc Breton, et un autre groupe d'A. Clésinger : *Marie avec son divin fils.*

On ne peut omettre de citer dans Besançon le *palais Granvelle*, cette élégante demeure bâtie par le cardinal-ministre de Charles-Quint dans les plus beaux temps de la renaissance. Cet hôtel acheté par la ville en 1712, puis vendu à des particuliers, fut acheté de nouveau par Besançon en 1864, pour être affecté à différentes sociétés savantes. Il est regrettable que les richesses artistiques qui le meublaient aient été pour la plupart enlevées et dispersées dans différents musées.

BAUME-LES-DAMES, sur la rive droite du Doubs, doit son nom à un chapitre de dames nobles fondé dans cette ville en 763. Cette abbaye qui subit plusieurs ravages fut entièrement détruite à la révolution. Baume-les-Dames a beaucoup souffert : pillée plusieurs fois au XIV⁰ siècle, ruinée sous Louis XI elle lutta contre Henri IV qu'elle ne voulut pas recevoir (1595). En 1637 et en 1644 cette ville fut prise par le duc de Saxe-Weimar et lorsque Louis XIV eut fait ses deux conquêtes de la Franche-Comté elle ouvrit ses portes au roi de France.

L'église paroissiale de Baume-les-Dames, dont le clocher a une hauteur de cinquante mètres, renferme une *Piéta* en pierre de 1549 ; un lutrin élégant en marbre rose, blanc, jaune et gris. La ville possédait dès le XIII⁰ siècle un château fort appartenant aux comtes de Bourgogne ; ce château a été détruit par les Suisses lorsqu'ils eurent défait Charles le Téméraire à Granson et à Morat.

MONTBÉLIARD, *Mœmpelgard*, *Mons Pelicardis*, est agréablement située au confluent de l'Allan, de la Lusine, de la Savoureuse et du canal du Rhône au Rhin au pied d'un rocher au milieu de belles prairies et de coteaux couronnés de bois et de vignes. Au moyen âge cette ville était le chef-lieu des cantons d'Elsgau et de Sundgau. Montbéliard qui formait un comté particulier a appartenu à plusieurs riches maisons qui avaient de plus sous leur dépendance d'autres seigneuries importantes. En 1419 ce comté passa à une des branches de la maison de Wurtemberg. Des missionnaires protestants, entre autres Guillaume Farel et Théodore de Bèze vinrent dès l'année 1524 prêcher la Réforme dans Montbéliard. Leur doctrine obtint un grand succès, et en 1539, on substitua officiellement le culte protestant au culte catholique. Un grand nombre de calvinistes vinrent établir leur industrie dans la ville ce qui lui fit prendre un grand essor. En 1676, alors que la Franche-Comté était devenue française, Louis XIV s'empara du comté de Montbéliard et fit raser les murailles de la ville ; mais, il la rendit à l'Empire par le traité de Ryswick (1697). Les Français la reprirent en 1792 et elle leur fut assurée par le traité de Lunéville (1801).

La ville de Montbéliard est dominée par le château qui servait de résidence à ses comtes. Ce château tombé en ruines et rebâti en 1751 sert maintenant de caserne et de maison d'arrêt. Les deux tours qui le flanquent datent : l'une, la *Tour-Bossue*, du xv° siècle, l'autre, *la Tour-Neuve*, du xvi°.

Dans la ville, on remarque une statue en bronze de *Georges Cuvier*, œuvre de David d'Angers et l'église de *Saint-Martin* (1602-1605) qui se distingue par la hardiesse de ses voûtes. Cette église a été convertie en temple protestant.

PONTARLIER, *Pons Ælii*, *Ariorica*, puis *Pontarlum*. On croit que cette ville fut fondée du temps d'Auguste mais il ne lui reste rien de son ancienne splendeur. Plus tard (731) elle fut ravagée par les invasions des Sarrasins et des Hongrois. Durant le moyen âge, Pontarlier, dont les seigneurs étaient vassaux des ducs de Bourgogne, jouit d'une grande franchise. Lors de la rivalité de Louis XI et de Charles le Téméraire, les Suisses alliés du roi de France, après avoir parcouru une partie de la province, s'emparèrent de cette ville et la pillèrent. Pendant la guerre de Trente ans elle eut beaucoup à souffrir et fut prise et pillée par le duc de Saxe-Weimar, allié de la France. Elle fut définitivement réunie à la couronne par le traité de Nimègue. C'est sous le règne de Louis XV que la ville fut rebâtie et en l'honneur de ce roi on éleva une *porte triomphale*. *L'hôtel de ville* qui date de 1832 a un escalier pareil à celui de l'hôtel de ville de Neuchâtel.

Située à l'entrée d'un des plus importants défilés du Jura, Pontarlier est une ville commerçante et un des passages les plus fréquentés entre la France et la Suisse. Elle est défendue par le fort de *Joux*.

Ce fort a renfermé dans ses murs bien des prisonniers, entre autres Fouquet, Toussaint Louverture et Mirabeau. Ce dernier appelait le fort de Joux un « nid de hiboux égayé par une compagnie d'invalides ». A propos de son incarcération dans le fort de Joux en 1775, une anecdote circule sur le compte de Mirabeau. Guillaume qui la rapporte dit la tenir du commandant de la forteresse.

Mirabeau, prisonnier d'Etat à Joux n'avait qu'une pensée, assez naturelle d'ailleurs chez un prisonnier, celle de s'évader. Après avoir mis dans ses intérêts son domestique et le médecin de la maison, il imagina de se dire excessivement malade, puis de contrefaire le mort. Le docteur qu'il avait gagné, ainsi que son serviteur se chargeraient de l'ensevelir et de le déposer dans un cercueil bien disposé de façon à ce qu'il puisse respirer à son aise ; il sortirait ainsi de sa prison. Une fois dehors son domestique ouvrirait le cercueil et Mirabeau pourrait se sauver en liberté. Tout étant bien convenu, le prisonnier se plaignit bientôt de coliques tellement violentes , de convulsions si effroyables, que le mal résistant à tous les remèdes, mit en peu de temps le malade à l'agonie. Il appela près de lui le commandant du fort, le chevalier de Saint-Maurice, et d'une voix mourante lui dit que se sentant à sa dernière heure, il sollicitait une seule faveur, celle d'être assuré que son corps serait remis à son fidèle serviteur pour être conduit par lui, dans la chapelle qui sert de sépulture à toute la famille de Mirabeau. Le chevalier, vieux renard, comme le dit celui qui rapporte cette anecdote, et défiant par état, lui promit bien de faire transporter ses restes dans le caveau de sa famille, mais pas avant d'avoir fait faire devant lui l'autopsie du corps ; car, ajouta-t-il, une maladie aussi extraordinaire, une mort si rapide pourrait faire supposer quelque attentat contre la vie d'un prisonnier aussi illustre. Mourez donc tranquille, on ira immédiatement chercher le médecin de Pontarlier et le procès-verbal que j'enverrai à votre famille indiquera votre maladie, de façon à ce qu'aucun soupçon ne puisse planer sur les gens qui vous auront entouré pendant vos derniers jours. Cette résolution fermement exprimée ruina les espérances du détenu, ses coliques se calmèrent comme par enchantement et deux jours plus tard le mourant se portait à merveille.

Parmi les nombreuses bourgades qui méritent d'attirer l'attention des touristes, nous nommerons en suivant l'ordre alphabétique :

AMANCEY où l'on vient admirer un énorme monolithe appelée le *Toum-Tâtre* qui, rival des monuments égyptiens, mesure trente-neuf mètres de hauteur.

ARC-ET-SENANS où se voit une jolie église moderne qu'une reine d'Espagne a dotée de plusieurs tableaux dus au pinceau d'artistes de haut mérite. Entre autres, dans le chœur, quatre toiles rappelant l'*histoire de la Vierge* par Claude Vignon ; le *Christ et la Chananéenne* par A. Carrache ; *Saint-Joseph avec l'enfant Jésus* par Murillo ; la *Rédemption* par Péréda ; et derrière le maître-autel un très beau martyre de *Saint-Bénigne* par Giacomotti (1).

AUDINCOURT, qui possède les sources de *Pomme-Ronde* et du *Puits-du-Cloître ;* ses forges très importantes sont regardées comme les plus belles de France.

BLAMONT qui appartenait anciennement aux princes de Salm-Salm. Il y reste encore les ruines d'un château, ancienne propriété des comtes de Montbéliard, qui fut détruite par l'invasion étrangère en 1814.

CHARMANVILLIERS où l'on aperçoit encore, dans le Doubs, une borne de grande dimension, ayant servi jadis de limite entre la Séquanie, la Rauranie et l'Helvétie. Plus tard cette borne indiqua la séparation des royaumes de Bourgogne et d'Austrasie.

CLERVAL fondée par l'empereur Othon de Souabe en 1195 et qui, réunie au comté de Montbéliard, appartient à la France depuis 1762. On y visite un intéressant château bâti au XIIIᵉ siècle

1. Félix-Henry Giacomotti est né à Quingey (Doubs), il a obtenu le prix de Rome en 1854 et a été décoré en 1867 ; c'est un artiste peintre de talent.

par les comtes de Bourgogne. L'église datant de la seconde moitié du XVIII° siècle conserve quelques peintures remarquablés du XVII° siècle.

MONTGESOYE qui peut être fière de son église du XV° siècle. Non loin de là, subsistent les restes du château de *Châteauvieux* réédifié par la maison de Rye au commencement du XVII° siècle.

MORTEAU qui, fondée au XII° siècle, possède une église paroissiale, monument historique remarquable dont une partie a été reconstruite après les guerres du XVII° siècle : l'autel, très beau, remonte au XVI° siècle. Le prieuré, appartenant à la même époque, sert aujourd'hui d'hôtel de ville. On ne doit pas oublier en parlant de Morteau de mentionner sa remarquable école d'horlogerie.

MOUTHIER sur la Loue occupe un emplacement autrefois recouvert par un grand lac (depuis longtemps desséché). Ce village peut par sa pittoresque situation et par ses environs, rivaliser avec les sites les plus vantés de la Suisse ; quand on quitte Mouthier pour descendre vers Lods, à environ la moitié de la distance qui sépare ces deux endroits, se trouve un rocher isolé, d'un accès difficile et d'une hauteur d'environ vingt mètres. Sur le milieu du rocher on lit :

La Loi, ce qui excite la curiosité des voyageurs qui ne comprennent pas dans quel but ces deux mots, menaçant pour les uns, rassurant pour le plus grand nombre, ont été ainsi gravés sur cet énorme rocher. Il n'y a rien d'officiel dans cette gravure que la suppression du mot *Dieu* qui précédait *La Loi* et qui fut effacé sous le régime actuel. Celui qui a gravé ces mots et qui en les traçant imprima sur la pierre la devise de toute sa vie, est un enfant du pays, Alexandre Jacquier, né à Mouthier en 1787. Sa vie fut toute de loyauté, d'honneur et de courage. Enrôlé en 1807, il fit les campagnes d'Italie, d'Allemagne et de Hongrie (1809).

Dans cette dernière campagne il fut blessé d'un coup de feu à la poitrine au passage de la Save. A l'assaut de Malborguette (17 mai 1809) il fut signalé par son courage. En Espagne, il sauva la vie à un de ses camarades blessé et fut, avec l'armée, bloqué à Pampelune. Sergent le 28 octobre 1813 ; prisonnier des Anglais le 1er novembre de cette même année, il ne revit la France que le 3 juin 1814. En 1815 il servait encore dans l'armée du Jura et ne fut libéré qu'à la seconde restauration.

Signalé plusieurs fois pour sa bravoure et son sang-froid au milieu des dangers, Jacquier

eût certainement obtenu l'épaulette s'il eût continué la carrière militaire ; mais, ayant large-
ment acquitté sa dette envers sa patrie, il ne
songea plus qu'à revenir dans son pays revoir
sa mère et soutenir sa vieillesse. Quoique Alexandre Jacquier n'ait pas été ce qu'on est convenu
d'appeler un homme célèbre, nous avons donné
des détails assez étendus sur sa vie, non seulement pour rendre hommage à son caractère et
donner l'explication des mots gravés sur le rocher, mais encore pour faire honneur dans sa
personne à tous ces braves et honnêtes enfants de
la Franche-Comté, dont la vie fut pareille à la
sienne mais dont on ne parle pas parce qu'ils
sont foule et peuple.

Citons encore sur la Loue *Ornans* qui possède
une ancienne église des minimes et une autre
du xvi⁰ siècle où on peut voir les tombeaux en
marbre des aïeux du cardinal-ministre Granvelle. Dans la même petite ville une habitation
du xvi⁰ siècle porte le nom de maison de Granvelle.

Quingey, bourgade fortifiée au moyen âge
montre encore les vestiges de ses anciens murs
d'enceinte. En 1300 Quingey avait déjà reçu une
charte communale, elle était florissante quand
elle fut brûlée en 1630 par le marquis de Villeroy.

A *Vuillafans* on visite, non sans intérêt, une église bâtie au XVI° siècle et les ruines du Châteauneuf où s'arrêta Charles le Téméraire avant de se rendre à Granson.

DÉPARTEMENT DU JURA

Le département du Jura (département frontière). a pour limites : à l'est la Suisse (canton
de Vaud) et le département du Doubs ; à l'ouest
le département de Saône-et-Loire ; au nord-
ouest celui de la Côte-d'Or ; au nord celui de la
Haute-Saône.

Le sol est très accidenté. Les points culmi-
nants sont le *Widderkalm* (2 179 mètres) et le
Molesson (2 007 mètres.

Le régime des eaux est très riche et donne à
ce département une très grande fécondité. Le
principal cours d'eau est l'AIN qui prend sa
source près de Nozeroi passe à *Sirod*, à *Bourg
de Sirod*, à *Pont du Navoy*, puis entre dans le
département de l'Ain. Dans le Jura il reçoit la
Serpentine qui elle-même reçoit le *Trébief* ; la
Lemme dont les affluents sont le *Dombief*, la
Saine ; l'*Angillon* que grossit la *Doye* ; le *Héris-*

son ; la *Syrène* dont les principaux affluents sont le *Ronay*, le *Drouvenant* ; la *Frête* ; la *Bienne* qui reçoit l'*Evalude*, le *Tacon*, le *Flumen*, le *Lison*, le *Longviry*, l'*Héria* ; la *Valouse* avec le *Valouson* et le *Saucon* ses affluents.

Le Jura forme quatre arrondissements : Lons-le-Saunier, Dôle, Poligny, Saint-Claude.

Lons-le-Saunier, chef-lieu du département, situé sur la Vallière et le Solvau, occupe le fond d'un vaste bassin couvert de vignes, et entouré par des montagnes de trois à quatre cents mètres d'altitude. Fondée par les Gaulois, fortifiée par les Romains, détruite par les barbares, cette ville reconstruite de nouveau s'est beaucoup agrandie par la suite. Elle a appartenu au royaume de Bourgogne, au royaume des Francs, au duché de Bourgogne et longtemps à l'empire d'Allemagne comme la Franche-Comté dont elle faisait partie. Après la mort de Charles le Téméraire, Louis XI s'en empara ; mais les habitants chassèrent les troupes du roi. Il était réservé à Louis XIV de la réunir définitivement à la France en 1674.

Cette ville possède deux édifices religieux très intéressants : *Saint-Désiré*, vieille église avec une belle crypte, des piliers et des transepts de style roman et *l'église des Cordeliers* remontant à 1250. Dans celle-ci on trouve des boiseries sculptées tout à fait remarquables.

DOLE existait avant la venue des Romains dans les Gaules, mais on ne la trouve mentionnée avec quelques détails qu'à partir du x⁵ siècle. En 1274 elle s'érigea en commune et elle a été la capitale de la Franche-Comté avant que Besançon ne reçût ce titre. Son parlement a été célèbre et son université remonte à 1422. Louis XI la prit en 1479 pour la garder seulement quelques mois; puis, faisant partie de l'empire d'Allemagne elle fut fortifiée par Charles-Quint en 1530. A partir de 1674 elle devint et resta française.

Dôle avec ses maisons en amphithéâtre sur une colline a un aspect riant tout particulier. Elle domine la vallée, et est à proximité de forêts, de rivières, de prairies, de champs de vigne; à ses pieds coule le Doubs qui, à ce moment, se partage en deux branches, et le canal du Rhône au Rhin qui commence en cet endroit. Rien n'est plus agréable que le spectacle dont on jouit de l'esplanade du cours Saint-Maurice : d'un côté, on aperçoit la chaîne du Jura, les neiges étincelantes du mont Blanc, la vallée du Doubs avec ses gracieux villages semés au milieu des bouquets d'arbres, la forêt de Chaux et la

ville tout entière avec ses capricieuses habi-
tations entourées de jardins.

Outre de curieuses ruines de monuments
romains, Dôle a une église gothique du xvɪᵉ siècle
(Notre-Dame), et dans la ville, plusieurs maisons
datent de la même époque.

POLIGNY, abritée par une montagne, eut sous
les Romains une assez grande importance : le
gouverneur de la Séquanaise y résidait, et au
moyen âge les comtes et les ducs de Bourgogne
y séjournèrent fréquemment. Henri IV (1595), le
duc de Longueville (1638), et enfin Condé en 1674
s'en emparèrent de vive force.

A peu de distance de la ville on voit les *Cham-
brelles*, vastes restes de constructions romaines,
et deux grandes pierres druidiques que leur
volume a sauvées de la destruction. L'église
paroissiale date du xvᵉ siècle ; celle du Montivil-
lard possède un très beau retable (1534) malheureusement fort endommagé. Le clocher de cette
église est de style roman.

SAINT-CLAUDE, qui porta tour à tour le nom de
Condate, de *Saint-Oyan*, de *Condate-montagne*,
est située au fond d'une vallée au confluent du
Tacon et de la Bienne. « Cette ville, dit Ch. Nodier, est extraordinaire : elle est célèbre par sa
fondation, par sa position, par son industrie, par

ses souvenirs, par ses phénomènes et surtout par
ses infortunes. Dix fois attaquée par les héré-
tiques, dix fois dévastée par les flammes, toujours menacée par ces tourmentes alpines qui
détruisent jusqu'au dernier germe de la végéta-
tion » ; elle survit à tout.

Vers 430 saint Romain fondait à Saint-Claude
un monastère qui devint célèbre et qui au
VIIe siècle fut réformé par saint Claude, évêque
de Besançon : ce pieux personnage appartenait à
une des plus importantes familles de Bourgogne.
L'abbaye, qui devint plus tard un des premiers
chapitres nobles de France, non seulement possédait le droit de main morte, mais tout homme
demeurant sur son territoire devenait son serf au
bout d'une année. L'abbaye avait été sécularisée
en 1742 ; cependant, la dure condition féodale
subsista jusqu'à la révolution, quoique abolie en
principe du temps de Voltaire. Il ne reste plus de
cette célèbre abbaye que l'église *Saint-Pierre*
et une partie des remparts. L'église, commencée
au XIVe siècle, restaurée aux XVIIIe et XIXe, n'a
rien d'élégant ; pourtant, les trente-deux stalles
du chœur, qui ont été sculptées de 1449 à 1460,
méritent de fixer l'attention. Dans la ville le pont
suspendu qui réunit la place Saint-Pierre à la
montagne des Etappes en traversant la val-

lée du Tacon est remarquable. Il date de 1840.

Outre ces chefs-lieux d'arrondissements il y a encore dans le Jura d'autres villes intéressantes. Nous allons donner quelques détails sur les principales :

Saint-Amour, qui portait autrefois le nom justifié de *Vincennes-la-Jolie*. Une légende dit que Gontran, l'un des fils de Clotaire Ier et roi de Bourgogne, revenant dans ses Etats après une visite qu'il avait faite à l'abbaye d'Agaune en Valais, rapportait avec lui les reliques de saint Viator et de saint Amour. Sur le lac de Genève, une de ces violentes tempêtes, qui y sont fréquentes, mit en danger les jours de Gontran. Dans sa frayeur il fit vœu de construire aux deux saints dont il possédait les restes, une église dans la première ville de son royaume où il s'arrêterait. Ce fut à Vincennes-la-Jolie ; et, fidèle à sa promesse, il bâtit l'église sous le vocable du saint dont la ville porta dès lors le nom.

Saint-Amour était autrefois défendue par un château dont le dernier propriétaire fut le duc de Choiseul. Le magnifique hôpital de la ville fut fondé en 1268 par Guillaume de Saint-Amour, lorsqu'il se retira définitivement dans son pays.

Arbois, sur la Cuisance, est une jolie petite ville dont les vins sont très estimés et très connus.

3

En 1595, Biron qui, sept ans plus tard devait subir la peine capitale, prit cette ville au nom d'Henri IV. L'église *Saint-Just* d'Arbois date du xe siècle ; elle a été plusieurs fois restaurée et présente un mélange de différents styles. Le clocher date de 1528. L'ancienne collégiale de *Notre-Dame* (1384),dont la plus grande partie de la nef et le clocher sont du xvIII^e siècle,sert de halle au blé.

Champagnole, sur l'Ain, a deux jolis ponts, dont le plus ancien date de 1771. L'église date de 1750 et le chœur est décoré de jolies sculptures. Au sommet du mont Rivel on voit les ruines d'un château et un observatoire.

Conliége, où on trouve les vestiges d'un camp romain, a deux très vieilles églises : celle de Saint-Etienne-de-Coldres et l'église paroissiale. La première est la plus ancienne de la Séquanie ; la seconde est ornée de beaux vitraux et la chaire et les chœurs sont admirablement sculptés.

Saint-Lothain. Son église date du xI^e siècle ; elle possède une crypte de la même époque et un bénitier de 1560.

Montmorot avec ses importantes salines. On rapporte qu'un donjon dont on voit les ruines fut élevé à la place d'un château où Clotilde fut enfermée par son oncle avant son mariage avec Clovis.

Morez, dont les produits en horlogerie se ven-

dent dans le monde entier, est situé sur la Bienne
au fond d'une gorge. Une fontaine monumentale
orne la grande place.

Orchamps, remarquable aujourd'hui par sa ma-
nufacture de porcelaine. Les produits qu'elle livre
à la consommation rivalisent avec avantage avec
les porcelaines anglaises à l'épreuve du feu. C'est
l'ancienne station romaine de Crusinie. Près de
l'église, qui date du xv⁰ siècle, s'élève la *Maison
Forte* bâtie au xi⁰ siècle.

Orgelet était un poste militaire important sous
les Romains. On y voit les ruines de l'ancien château de Présilly. L'église possède un beau maître-
autel ; de jolies stalles ornent le chœur et, le clocher, de style ogival, a une hauteur de 55 mètres.

Salins, riche en sources salines comme l'in-
dique son nom, est située au pied du mont
Poupet, sur la Furieuse. Cette ville, qui appartint
longtemps aux ducs de Bourgogne, fut souvent
assiégée par les Français et réunie à la France
par le traité de Nimègue (1678). Incendiée en
1825, elle fut entièrement rebâtie. Salins est
dominée par plusieurs anciens châteaux et est
défendue par deux forts : le fort *Belin* et le fort
Saint-André. Vauban construisit ce dernier qui
fut fort endommagé en 1814 par les alliés et
reconstruit depuis.

LE DÉPARTEMENT DE LA HAUTE-SAONE

Le département de la Haute-Saône est borné au nord par le département des Vosges ; à l'est par le territoire de Belfort ; au sud par les départements du Doubs et du Jura ; à l'ouest par ceux de la Haute-Marne et de la Côte-d'Or. C'est un des plus riches de la France par ses productions minéralogiques ; ses mines de fer sont abondantes ; on y trouve aussi du plomb, du cuivre argentifère, du manganèse, etc... Ses nombreuses sources minérales ont été connues très anciennement.

Les cimes les plus élevées de ce département sont : le *Ballon de Lure*, le *Ballon de Servance* et le *mont de Vannes*.

La SAÔNE qui prend sa source dans le département des Vosges a son cours supérieur dans celui de la Haute-Saône qui en a pris le nom. Cette rivière arrose *Port-sur-Saône, Scey-sur-*

Saône et *Gray.* Elle reçoit le *Coney;* l'*Amance*
qui se grossit de la *Jacquenelle;* la *Lantenne* qui
reçoit le *Breuchin,* la *Roge,* la *Sémouse;* le
Drugeon; la *Sousfroide;* la *Vingeanne* qui a
pour affluents le *Rahin* et le *Scey.* Enfin dans
l'est, coule l'Ognon qui sépare l'arrondissement
de Vesoul du département du Doubs après
avoir traversé l'arrondissement de Lure près
de la limite duquel il prend sa source dans les
Vosges.

Le département de la Haute-Saône forme
trois arrondissements : Vesoul, Gray et Lure.

VESOUL l'ancienne *Vesulum* sur le Drugeon
n'est guère mentionnée qu'à partir du IX⁰ siècle.
Saccagée par les Anglais en 1360, elle subit encore les horreurs de la guerre aux XV⁰, XVI⁰ et
XVII⁰ siècles.

Quand on arrive à Vesoul par le chemin de
fer, la première chose qu'on remarque, c'est un
monticule de deux kilomètres de circuit avec
une petite église bâtie au sommet et qu'on appelle la Motte. Au pied de ce verdoyant monticule est bâtie Vesoul qui ne possède aucun
édifice ancien.

Gray s'étage coquettement en amphithéâtre
sur une colline qui descend en pente vers le
nord et domine une délicieuse prairie arrosée

par la Saône où viennent se refléter les maisons les plus basses de la ville. Il résulte de
cette disposition du terrain que les rues sont
fort accidentées et que souvent les montées et
les descentes sont rapides. Ceux qui aiment les
villes tirées au cordeau trouveront Gray très
peu de leur goût, mais, pour l'artiste, pour
celui qui aime le pittoresque, il sera satisfait.

Non loin du port, car cette ville a sur la
Saône un port très fréquenté et un beau pont, on
va visiter le moulin Tramoy un des plus remarquables peut être de la France, aussi bien construit que bien agencé.

Comme monuments on peut citer l'église où
le style ogival se marie avec celui de la renaissance et qui date du XVᵉ siècle; l'hôtel de ville
(1568) dont la façade est ornée des statues de
François Devosge et de Romé de Lisle.

LURE sur l'Ognon. En 610 saint Déicole l'un
des disciples de saint Colomban fonda au VIIᵉ siècle une importante abbaye de bénédictins dont
les supérieurs ont porté le titre de princes du
Saint-Empire. La sous-préfecture occupe aujour-
d'hui les anciens bâtiments de l'abbaye.

Nommons encore :

Beaujeu qui possède une belle église du XIIᵉ siècle où l'on voit de magnifiques vitraux datant

du xve. Les comtes de Beaujeu possédaient dans cet endroit un imposant château dont il reste une tour à six étages et qui a une hauteur de vingt mètres.

Héricourt sur la Luzenne est une ancienne petite ville proprement mais irrégulièrement bâtie. On y voit les restes d'un ancien château fort. L'église, dont le chœur date du xvie siècle a une jolie nef de style roman.

Luxeuil dont les eaux thermales éaient, dit-on, connues et probablement fréquentées par les Druides et les Celtes. Située au pied des Vosges, abritée du nord par de belles forêts, à proximité de plaines fertiles, Luxeuil fut dans les temps anciens une ville importante. On y voit encore les restes d'un aqueduc construit à l'époque romaine et long de 80 mètres. Les fouilles qu'on a pratiquées dans divers endroits, ont fait découvrir d'intéressantes antiquités, entre autres, un autel dédié à Apollon et à Diane, des tombeaux et des inscriptions indiquent une restauration des thermes par Labiénus lieutenant de César. Les bains très fréquentés chaque année sont situés dans le faubourg des Romains. Les eaux émergent de onze sources abondantes par des ouvertures que la nature a pratiquées dans le grès vosgien.

Après avoir été détruite par Attila, la ville se réédifia et une abbaye y fut fondée par saint Colomban que, quelques années plus tard, Brunehaut fit chasser du royaume de son petit-fils. De cette abbaye qui vit passer tant de gens célèbres, on trouve encore quelques restes de l'ancien cloître. On se rappelle qu'Ebroïn, maire du palais, après s'être rendu odieux au peuple franc, fut enfermé en 670 à Luxeuil où il se trouva avec saint Léger aussi en disgrâce, et que plus tard ayant ressaisi le pouvoir il persécuta le saint et le fit décapiter.

Au VIIIe siècle les Sarrasins envahirent Luxeuil et détruisirent à peu près toute la ville, sans épargner le couvent que Charlemagne rétablit. Au XVIe siècle cette ville fut fortifiée, ce qui ne l'empêcha pas d'être prise au siècle suivant par Turenne qui cependant, eu égard à la belle conduite des habitants leur accorda une capitulation honorable. Disons encore que Luxeuil possède un ancien hôtel de ville couronné par un élégant pavillon du XVe siècle ; et une église du XIIIe siècle où l'on admire les belles sculptures du buffet d'orgue et celle des stalles en chêne très curieuses qui ornent le chœur.

Ray-sur-Saône où on voit les restes d'une ancienne forteresse qui fut assiégée par le duc de Saxe-Weimar. L'église date du XIIIᵉ siècle..

Nous ne pouvons omettre de citer encore *Servances* où l'on trouve du minerai de fer en grande abondance, *Répes* et *Fedry* connues pour leurs eaux minérales ; *Saulnot, Gonhenans, Scey-sur-Saône* riches en sources d'eaux salines. Scey a de gras pâturages et un port qui fait sa richesse. Elle a un beau pont de quatorze arches construit sous Louis XIV.

Quant aux curiosités naturelles, elles ont été prodiguées par la nature dans le département de la Haute-Saône, particulièrement dans les montagnes du Jura. Tels sont : le *Puits-frais*, les *Sources des sept fontaines*, le *Trou de la Baume*, etc. ; d'autres offrent un réel intérêt scientifique, comme les sources intermittentes de *Rupt*, les grottes de *Fouvent* où les fouilles ont mis à jour des animaux et quantité de débris antédiluviens, les *grottes de Chaux*, de *Fréligny* avec leurs nombreuses stalactites.

Parmi les grottes qui méritent le plus d'attirer l'attention, les plus importantes sont celles d'*Osselle*. On les trouve tout près du village qui porte le même nom. Leur entrée s'ouvre sur la rive même du Doubs. Ces curieux souterrains, qui rappellent ceux d'Arcy dans l'Yonne, semblent se prolonger fort loin : on peut les

parcourir sur une longueur de plus d'un kilo-
mètre. Capricieuses dans leur élévation comme
dans leur étendue, tantôt leurs voûtes montent
très haut, tantôt elles s'abaissent de manière à
ce qu'il devienne difficile de s'y tenir debout ; ici
les allées sont spacieuses, là elles sont resserrées.
Partout elles offrent le double phénomène des
stalactites et des stalagmites. Combien de siècles
a-t-il fallu, pour que du sol, ces colonnes formées
par le dépôt calcaire de la goutte d'eau qui tombe,
s'élèvent par un travail incessant et aillent rejoindre ces autres portions de colonnes, les stalactites,
qui, à chaque goutte d'eau qu'elles laissent échap-
per, s'augmentent d'une parcelle infinitésimale.
Et cependant ces parcelles agglomérées finissent
par donner naissance à des piliers qui, croissant de
jour en jour, les uns de bas en haut, les autres de
haut en bas, se réunissent et semblent former
les piliers d'un édifice. Et l'action se continue
toujours.

La nature ne s'est pas seulement montrée
prodigue envers la Franche-Comté en lui donnant un sol pittoresque, riche et fertile, elle lui a
donné aussi un grand nombre d'hommes célèbres dans le clergé, la diplomatie, l'armée, les
arts, les sciences et la littérature. Nous allons
les présenter suivant leur ordre chronologique.

GRANDS HOMMES DE LA FRANCHE-COMTÉ

CALIXTE II

Le premier des enfants de la Franche-Comté qui mérite de fixer l'attention, est un pape dont le pontificat n'a pas été sans gloire au milieu des circonstances les plus difficiles. Nous voulons parler de Guy de Bourgogne qui naquit à Quingey vers 1050. Appartenant à la famille des souverains de la Franche-Comté, il était allié aux rois de France, d'Angleterre et à l'empereur d'Allemagne. En 1088, Guy fut nommé archevêque de Vienne tout en portant le titre de chancelier du royaume de Bourgogne.

Bon, d'un esprit supérieur et gouvernant son

diocèse avec sagesse, sa renommée s'étendit rapidement dans l'Europe entière.

Quand plus tard, Pascal II, puis Gélase II luttèrent contre Henri V, Gélase fut chassé de Rome par cet empereur qui se fit couronner par l'antipape Grégoire VIII (Maurice Bourdin) ; le pontife vaincu, suivi de six cardinaux restés fidèles à sa mauvaise fortune, vint chercher un refuge dans le monastère de Cluny (Saône-et-Loire) où il mourut le 29 janvier 1119, après avoir désigné pour son successeur : Guy. « Si vous m'en croyez, disait-il avant d'expirer, élisons l'archevêque de Vienne, en qui se trouvent réunis, à la piété et la prudence, la noblesse et le pouvoir. » Guy accepta la tiare et prit le nom de Calixte II.

Espérant finir la terrible guerre des investitures qui ensanglantait une partie de l'Europe, le nouveau pape assembla à Reims un concile ; malheureusement, il n'obtint pas le résultat qu'il désirait. Le roi de France y vint pour se plaindre de Henri Ier, roi d'Angleterre, qui avait envahi la Normandie et retenait prisonnier son frère Robert. Calixte essaya de ramener la paix entre les deux rois, mais le clergé normand soutenait le roi Henri, ce qui fit échouer les efforts du pape. Louis le Gros en appela aux armes et ne fut pas heureux, le pape tentant de nouveau d'opérer la réconciliation des deux monarques, se rendit à Gisors, encore sans succès, car il se vit contraint de ménager le roi d'Angleterre à cause des affaires d'Allemagne très graves pour le Saint-Siège.

Au commencement de l'année suivante (1120), le nouveau pape se rendit en Italie ; il y fut reçu avec joie et bientôt sa bonté, sa charité pour les malheureux, ses vertus, ses talents lui attirèrent tous les cœurs.

L'antipape alors se renferma dans la forteresse de Sutri ; le peuple demandait sa tête, Calixte se contenta de le confiner dans le monastère de Cava, et en 1122, par le traité de Worms, Henri V renonçait en faveur du pape au droit d'investiture spirituelle ; c'était une belle et pacifique victoire.

Toujours militant, il réunit à Rome un concile dit de Latran (le 9° œcuménique), dans lequel les prélats réunis défendirent l'usurpation des biens de l'église et décidèrent l'envoi de secours aux chrétiens d'Asie. Le pape paya lui-même la rançon de Baudoin II, roi de Jérusalem, ainsi que les dépenses faites par la flotte vénitienne pour secourir ce monarque et il aida Alphonse VI, roi d'Espagne, contre les Maures.

On peut dire que le pontificat de Calixte II fut glorieux et utile, puisqu'il rétablit la paix au dedans et au dehors. En outre, il répara plusieurs monuments romains, dota d'aqueducs la ville éternelle et enrichit l'église de Saint-Pierre. Calixte II mourut le 22 décembre 1124.

NICOLAS PERRENOT DE GRANVELLE

ET

ANTOINE PERRENOT DE GRANVELLE

En 1486, naissait à Ornans un homme qui devait, ainsi que son fils, jouer un rôle important dans la politique européenne, c'était Nicolas Perrenot de Granvelle.

D'après Strada et quelques autres historiens, Nicolas Granvelle était simplement le fils d'un maréchal ferrant d'Ornans ; suivant d'autres, qui s'appuient sur des documents sérieux, son aïeul Jean Perrenot était, en 1482, juge châtelain à Ornans et, sa famille, à cette époque, était alliée à plusieurs maisons nobles de Bourgogne.

Quoi qu'il en soit, Nicolas Granvelle, doué dès sa plus tendre enfance de qualités intellectuelles solides et brillantes, fut remarqué par Claude de Vergy qui devint son protecteur et lui procura les moyens d'étudier le droit à l'université de Dôle.

Là, avec une volonté ferme, et par un travail infatigable, aidé par une mémoire prodigieuse et un jugement éclairé, il devint bientôt le meilleur élève de l'université. Un de ses maîtres, Mercurin d'Arbois, ayant été nommé président du parlement de Dôle, puis fait duc de Guatinare, se souvint de lui et lui facilita l'accès de la carrière diplomatique pour laquelle il semblait prédestiné.

Charles-Quint, qui savait juger les hommes, devina les rares aptitudes et l'esprit supérieur de Nicolas Granvelle ; il le chargea de négociations auprès des envoyés du roi de France et du roi d'Angleterre réunis à Calais.

Granvelle montra en cette occasion les qualités d'un véritable homme d'État : par sa prudence et son habileté, il obtint les résultats les plus avantageux pour l'empereur qu'il représentait. Charles-Quint le récompensa en le nommant d'abord garde des sceaux et en l'admettant ensuite dans son conseil.

Durant vingt années, Nicolas Granvelle prit une grande part dans la direction des affaires générales de l'Europe ; il rendit d'immenses services à la monarchie espagnole ; présida des diètes, alla en embassade, dicta des traités et eut l'honneur d'ouvrir le concile de Trente.

Il siégeait à la diète d'Augsbourg, quand la mort le surprit, le 15 octobre 1550.

En recevant la nouvelle de cet événement Charles-Quint écrivit à son héritier Philippe II : « Je suis extrêmement touché de la mort de Nicolas Granvelle ; car en lui nous perdons, vous et moi, un serviteur fidèle et un bon lit de repos. »

On a reproché à Nicolas Granvelle d'avoir profité de ses fonctions pour enrichir sa famille. Ce reproche fût-il mérité, ne pourrait ternir la réputation d'un homme qui certainement était à même, tout en faisant son devoir, d'aider ses parents et ses compatriotes. Du reste de sa grande fortune il a su faire un bien noble usage. Par sa constante sollicitude il a comblé son pays de toute sorte de bienfaits en y développant l'amour des lettres et des arts.

Il fonda à Besançon le premier collège où l'on enseigna la théologie, la grammaire, la poésie, l'éloquence et rassembla dans son magnifique palais de Granvelle, qui existe encore à Besançon, la première collection de tableaux que la Franche-Comté ait possédée.

Nicolas Granvelle fut enterré dans une chapelle du couvent des carmes qu'il avait fait construire : sur l'autel avait été placé un tableau de Bronzin représentant Nicolas Granvelle sous l'égide de Nicodème, et sa femme, sous celle de Notre-Dame de la Pitié tenant sur ses genoux le Christ mort. Sur les côtés du tableau figuraient les six filles et les cinq fils du chancelier. Parmi ce grand nombre d'enfants, un de ses fils, *Antoine Perrenot de Granvelle*, né à Ornans en 1517 hérita des hautes facultés de son père et le surpassa même en talent et surtout en renommée. Son père le fit entrer tout jeune encore dans les ordres et le fit rapidement nommer chanoine de la métropole : puis il l'initia aux affaires politiques, si souvent dirigées alors par les hommes d'église.

A vingt-trois ans, Antoine Granvelle était évêque d'Arras ; il accompagna son père aux diètes de Worms et de Ratisbonne, et se trouva ainsi de bonne heure mêlé aux grands événements du siècle. En 1553 il concluait au nom de Charles-Quint une alliance entre l'Espagne et l'Angleterre, alliance dirigée contre les réformés et qui devait être sanctionnée par le mariage du prince héritier avec Marie reine d'Angleterre. Ce projet d'union fut bientôt rompu par la mort de cette princesse et l'avènement d'Elisabeth au trône.

Quand, en 1555, Charles-Quint convoqua à

Bruxelles les états des Pays-Bas et de la Franche-Comté, pour y faire lire, en présence des membres de sa famille et des seigneurs, son abdication en faveur de Philippe II, l'empereur s'adressant à son fils lorsque la lecture fut achevée lui dit : « Puisque votre père a voulu, pour ainsi dire mourir avant le temps pour vous faire jouir par avance du bénéfice de sa mort, je vous demande avec raison que vous donniez au soin et à l'amour de vos peuples, tout ce que vous semblez me devoir pour vous avoir devancé la jouissance de l'empire. Les autres se réjouissent d'avoir donné la vie à leurs enfants et de leur pouvoir laisser des royaumes ; mais j'ai voulu ôter à la mort la gloire de vous faire ce présent, m'imaginant recevoir une double joie si, comme vous vivez par moi, je vous voyais régner par moi. »

Puis, embrassant son fils, il le proclama souverain de la Franche-Comté et des Pays-Bas. Le nouveau monarque, trop ému pour répondre, chargea de cette tâche Granvelle, qui sut s'en acquitter en termes aussi élevés que touchants.

Quelques années plus tard, Granvelle fit signer, entre la France et l'Espagne, le traité de Cateau-Cambrésis (1559) et fit épouser à Philippe II, Elisabeth fille de Henri II. Il fut nommé archevêque de Malines en 1560.

Toujours dévoué à son nouveau maître, Granvelle accepta, au moment de la terrible révolte des Pays-Bas, la mission difficile d'aller, avec Marguerite de Parme, qui en était gouvernante, rétablir dans cette contrée le pouvoir absolu et l'unité religieuse. Le zèle qu'il déploya ne fit qu'augmenter l'affection et la reconnaissance de Philippe II, qui, un peu plus tard (1561), le fit nommer cardinal. Mais les rigueurs qu'il dut exercer lui suscitèrent tant d'ennemis qu'il fut obligé d'abandonner ce poste dangereux. Il se retira à Besançon et se livra entièrement à la culture des lettres et des arts qu'il ne cessa d'encourager. Par sa bienveillance et sa libéralité, il attira près de lui des hommes distingués, professeurs, artistes ; il enrichit son palais de galeries toujours ouvertes aux savants et aux connaisseurs, et forma de précieuses collections de livres, de tableaux, de statues, dont plus tard Louis XIV devait s'emparer par droit de conquête.

En 1570 le roi d'Espagne chargea le cardinal d'une nouvelle mission à Rome : il s'agissait de conclure un traité avec le pape et les Vénitiens contre les Turcs. L'année suivante il le nomma vice-roi de Naples. Granvelle montra dans l'administration de ce royaume une sagesse et une intégrité qui le firent aimer de ses sujets. D'utiles mesures rendirent au pays quelque prospérité ; aussi ce fut avec regret que les Napolitains virent partir Granvelle lorsque Philippe II le rappella pour lui confier la régence de l'Espagne pendant un voyage que ce monarque fit en Portugal.

Plus tard, en 1584, Granvelle promu à l'archevêché de Besançon, allait se rendre dans son nouveau diocèse, lorsqu'il mourut de consomption à Madrid.

Un des traits dominants du caractère de ce cardinal-ministre était une ambition sans mesure. Comblé de biens et d'honneurs par Philippe II, il sollicitait sans cesse de nouvelles dignités de son maitre qui lui accorda une faveur constante et unique. Schiller dans son histoire des Révolutions des Pays-Bas dit à propos de ce ministre-cardinal que : « Venant avec adresse au secours de la lente conception de Philippe, il faisait éclore dans son esprit des pensées dont le germe était à peine formé et lui abandonnait généreusement toute la gloire de l'invention. Granvelle possédait à merveille l'art difficile et si utile de descendre au niveau d'un esprit ordinaire, de rendre son génie esclave d'un autre homme ; il dominait parce qu'il savait cacher sa domination et c'est ainsi seulement que Philippe II pouvait être gouverné. »

LE MICHAUD D'ARÇON

Le Michaud d'Arçon naquit à Pontarlier en
1733. Ses parents le destinèrent à l'état ecclésiastique. Pour satisfaire à ce désir, il fit des études
spéciales pour entrer dans les ordres. Mais, ses
idées et son caractère l'éloignaient de la vie religieuse tandis qu'elles le poussaient invincible-
ment vers la carrière des armes et vers ce qu'il
y a de plus élevé dans cette carrière : le génie
militaire. Le respect que l'on avait au XVIII° siècle
pour la volonté paternelle empêchait le jeune
homme de déclarer ouvertement à son père qu'il
désirait arranger sa vie autrement que sa famille
ne voulait le faire. Il attendit pour se déclarer
une occasion qui lui permit de concilier son
respect filial avec sa volonté. Cette occasion ne
tarda pas à se présenter. Son père fit faire de lui,
par un peintre de talent, un portrait où il était
représenté avec le costume d'abbé qu'on rêvait

pour lui. Profitant d'une absence de ses parents, il fit substituer à la robe et au rabat l'uniforme d'ingénieur militaire. Après quelques hésitations, son père consentit à le faire admettre à l'école de Mézières (1754). Un an plus tard, le jeune homme était reçu ingénieur ordinaire. Entré dans l'armée, il se fit promptement remarquer. Il se distingua d'une façon toute particulière dans les dernières années de la guerre de Sept ans, spécialement à la défense de Cassel (1761), et plus encore à l'attaque de Gibraltar en 1782.

La science qu'il cultiva toute sa vie, fut la passion de Le Michaud d'Arçon. Cette passion allait jusqu'à l'enthousiasme. A une imagination ardente et sagace, il joignait beaucoup de savoir. Animé, pour son pays, d'un attachement profond et sincère, et pensant justement que la force donne la sécurité, il s'attacha constamment à faire progresser l'art militaire auquel il se dévoua toute sa vie.

Dans ses ouvrages, il s'attache bien plus au fond qu'à la forme ; ceux-ci sont remplis d'idées nouvelles pour l'époque, sur la fortification et sur le lever des plans et des cartes militaires. Quelques-unes de ces idées peuvent faire placer leur auteur au rang des hommes de génie, et cependant, chose singulière, Le Michaud d'Arçon considérait l'accroissement de l'artillerie comme un pas en arrière pour l'art de la guerre. Ses principaux ouvrages sont :

Réflexions d'un ingénieur, 1773 ;

Conseil de guerre privé sur l'événement de Gibraltar, 1782-1785 ;

De la force militaire considérée dans ses rapports conservateurs ;

Considérations sur l'influence du génie de Vauban dans la balance des forces de l'État ;

Considérations sur les fortifications, 1795, etc.

Bien que le style ne soit pas toujours à la hauteur des pensées, ces écrits offrent encore un réel intérêt aux hommes qui s'occupent sérieusement de contribuer à la défense militaire du pays.

C'est pendant l'attaque de Gibraltar, que d'Arçon conçut et exécuta un audacieux projet de batteries insubmersibles et incombustibles : c'était le résultat des études et des observations sagaces auxquelles il se livrait sans relâche. Ayant constaté que Gibraltar était imprenable par terre et que les vaisseaux de haut bord ne pouvaient s'approcher sans être détruits par les batteries casematées, il inventa des batteries flottantes armées de gros canons, construites de façon à résister victorieusement à l'artillerie anglaise et munies de réservoirs circulaires étanches mais pouvant facilement être remplies d'eau.

Vides, ces réservoirs constituaient des bouées rendant les bâtiments insubmersibles même par les plus mauvais temps, au moment de l'action on les remplissait d'eau, les batteries s'enfonçant dans la mer n'offraient plus alors que peu de prise à l'ennemi ; de plus, des robinets bien distribués permettaient en cas d'incendie d'utiliser l'eau emmagasinée, sans exposer les hommes. Par surcroît de précaution toutes les parties émergées étaient recouvertes de fortes plaques de tôle laissant entre elles et le navire un espace rempli de sable, ce qui rendait la carapace du bâtiment presque invulnérable à l'artillerie de cette époque.

Aujourd'hui, les caissons à air, les matelas de crin, de liège, de celluloïde, les blindages de tous genres, en un mot les immenses progrès accomplis dans l'art de la guerre maritime, laissent bien loin derrière eux les découvertes de d'Arçon ; mais, à son époque, elles opéraient une véritable révolution et leur auteur doit être regardé comme l'ingénieux précurseur des inventions qui se sont produites après lui.

Tout étant préparé d'Arçon voulut qu'on procédât à une attaque simultanée par terre et par mer : les batteries, grâce à leur invulnérabilité relative, s'avançant hardiment dans le port, auraient pris à revers les travaux anglais, les auraient détruits ; puis, les troupes débarquées sans obstacle auraient enlevé la ville d'assaut.

Malheureusement des rivalités de Français à Espagnols, des officiers jaloux de d'Arçon firent échouer ce plan si bien conçu, si vaillamment préparé ! Il n'y eut pas d'action d'ensemble ; les batteries flottantes ne furent pas toutes confiées à l'habile ingénieur et celui-ci se trouva avec un seul bâtiment en butte aux forces concentrées de toute l'artillerie anglaise. Il résista assez pour prouver combien son idée eût été féconde, combien justes étaient ses avis ; mais, abandonné par ceux qui devaient le soutenir, il fut obligé de se retirer. Les adversaires de la France furent pour d'Arçon plus équitables que ses compagnons d'armes ; lord Elliot, le commandant anglais, défenseur de Gibraltar, admirant sans réserve son plan hardi, lui en rendit un glorieux et public témoignage qui aurait pu consoler un cœur moins français.

Un échec aussi malheureux, aussi inattendu affecta cruellement notre héros ; il en conserva toute sa vie un profond ressentiment et il crut devoir publier une sorte de justification sur l'événement de Gibraltar (1782-1785).

Après cette guerre contre les Anglais en Espagne, il se retira à Saint-Germain. En 1793, Dumouriez entré victorieusement en Belgique et se disposant à faire la conquête de la Hollande l'appela près de lui. Par son habile direction, Le Michaud d'Arçon contribua puissament à faire capituler Bréda et Gertruydenberg ; mais, cette dure campagne dans un pays marécageux altéra malheureusement pour toujours sa santé.

Pendant le Directoire, il fit partie du bureau militaire qui ne se composait que de cinq membres. Après le 18 brumaire le premier consul voulant honorer la haute capacité et le dévouement de d'Arçon, le fit entrer au Sénat. Il ne devait pas occuper longtemps ce poste éminent : une cruelle maladie, une invasion de la bile dans le sang. l'enleva à sa famille et à ses nombreux admirateurs le 1er juillet 1800.

SUARD

Suard, homme de lettres distingué naquit à Besançon en 1734. Il était étudiant à l'université de cette ville, lorsque, à l'âge de dix-sept ans, ses études furent brusquement interrompues. Appelé comme témoin dans un duel où un officier, neveu du ministre de la guerre, fut tué, Suard qui seul avait pu être arrêté refusa énergiquement de dénoncer l'adversaire de l'officier. Son silence lui valut d'être jeté dans un cachot infecte avec les fers aux pieds. En se les voyant mettre, il demanda « s'il n'y en avait pas aussi pour les mains ». Son attitude noble et résignée lui rendit favorable le Parlement de Besançon ; mais, il s'agissait de venger le neveu d'un ministre et le pauvre Suard fut envoyé aux îles Sainte-Marguerite où il resta détenu dix-huit mois.

Mis en liberté, il vint à Paris pour trouver un emploi et cultiver les lettres. Riche d'idées et de courage mais fort pauvre d'argent, quelques personnes s'intéressèrent à lui, entre autres Mme Geoffrin qui, saisissant toujours les occasions de mettre en pratique sa devise *Donner et pardonner* fit ce qu'elle put pour lui venir en aide et le recommanda à un personnage haut placé. Ayant été reçu avec une froideur qu'il crut offensante, Suard refusa de solliciter une seconde fois. C'est alors que Mme Geoffrin impatientée de voir qu'il ne voulait pas suivre ses avis, lui dit : « Quand on n'a pas de chemises, il ne faut pas avoir de fierté. » — « Au contraire, lui répondit-il, c'est alors qu'il faut en avoir pour avoir quelque chose. »

Cependant, protégé par quelques gens éminents, entre autres par Marmontel et Buffon, Suard put faire paraître certains travaux littéraires qui furent remarqués, principalement une traduction très fidèle, dans un style aussi naturel qu'élégant de l'*Histoire de Charles-Quint* de Robertson. Différentes autres œuvres, justement appréciées, lui firent ouvrir en 1772 les portes de l'Académie française. En 1774 il était nommé censeur. Membre de la 2ᵉ classe de l'Institut dès la formation de ce corps savant, il en devint le secrétaire perpétuel en 1803.

Possédant une connaissance approfondie de la

langue anglaise, Suard a publié diverses traductions. Outre celle de l'*Histoire de Charles-Quint* que nous venons de citer, il a donné aussi celle des *Voyages de Cook*, de l'*Histoire d'Amérique*, etc.. dans lesquelles il conserve un naturel, une facilité qu'on rencontre rarement chez les traducteurs.

Lors de la querelle qui divisa les deux compositeurs Gluck et Piccini, Suard préférant aux mélodies touchantes et suaves que l'on remarque dans les œuvres de Piccini la puissance et la grandeur de l'harmonie que l'on trouve dans celles de Gluck, prit la défense de ce dernier chef d'école. Dans ses lettres de l'*Anonyme de Vaugirard* notre écrivain émet à ce sujet des opinions très justes que sa fine et maligne ironie rend encore plus saisissantes.

Le style de Suard est naturel, quelquefois noble, toujours élégant. On y trouve de ces traits de force ou de grâce qui ne peuvent jamais être le fruit du travail, parce qu'ils ne peuvent naitre que du talent. Cet écrivain excellait surtout à peindre l'esprit ou le génie des personnages célèbres auxquels il s'est intéressé dans ses écrits. On a de lui des notices, des éloges et de nombreux articles de journaux, notamment dans *Le Publiciste* et dans *Le Journal de Paris*, le premier journal quotidien qui parut en France.

Il entra à ce journal d'une manière assez singulière. Cette feuille avait raconté une petite anecdote qui lui attira des ennuis.

Le chevalier de Boufflers avait été envoyé par la France dans une petite cour d'Allemagne. La princesse régnante le reçut d'une façon peu courtoise. Le chevalier avait, paraît-il, le jour où il se présenta, une fluxion à la joue. Au lieu de se fâcher de l'accueil peu gracieux qui lui fut fait, il mit en vers sa mésaventure :

> J'avais une joue enflée,
> La princesse boursoufflée
> Au lieu d'une, en avait deux ;
> Et Son Altesse sauvage
> Parut trouver très mauvais
> Que j'eusse sur mon visage
> La moitié de ses attraits.

Reproduits dans le *Journal de Paris* ces vers blessèrent la vanité de l'altesse allemande et la rendirent furieuse. La cour de France, avisée de cette colère voulut punir les propriétaires du journal et l'offrit à Suard. Celui-ci, non seulement refusa, mais encore défendit hautement les droits de ses confrères qui, pour le remercier, lui donnèrent une part dans ce journal dont il devint bientôt un des rédacteurs.

Bien que son aisance ne fût que relativement modeste, Suard témoignait la plus touchante compassion aux infortunés qu'il pouvait soulager par ses libéralités. Il montrait également une aimable bienveillance envers les jeunes gens qui cultivaient les lettres et ceux-ci pouvaient compter sur son appui dans quelque sens qu'on veuille entendre le mot. Malgré quelques-unes des infirmités que lui faisait éprouver la vieillesse, Suard travailla jusqu'au moment où la mort suspendit ses travaux en 1817. Il avait alors quatre-vingt-quatre ans.

ROMÉ DE LISLE

Romé de Lisle né à Gray en 1736 fut un de ces pionniers de la science qui, par un travail à peine apprécié, préparent les voies qui permettent à d'autres de faire de brillantes conquêtes.

Aussitôt ses humanités terminées, il embrasse la carrière militaire et part pour les Indes en qualité de secrétaire d'une compagnie de génie et d'artillerie. Là, il tomba aux mains des Anglais avec toute la garnison de Pondichéry et cet événement qui aurait pu lui être fatal fut la cause de ses succès futurs.

Conduit successivement dans plusieurs résidences, ses loisirs forcés permirent à son esprit observateur d'acquérir de sérieuses notions d'histoire naturelle; ces études eurent tant d'attrait pour lui, qu'à son retour en France en 1764 il résolut de s'y consacrer entièrement.

Le manque de ressources aurait pu le distraire de cette voie si une nouvelle et heureuse circonstance ne lui était venue en aide. M. Sage, riche protecteur des arts, l'aida de ses conseils et de sa bourse, et dès lors tout en s'appliquant aux sciences naturelles en général il se consacra plus particulièrement à la minéralogie. Bientôt, grâce à M. Davila qui possédait le plus riche cabinet de minéraux de Paris, peut-être du monde, et surtout au savant et riche M. d'Ennery qui lui offrit son amitié, son hôtel et' sa table, Romé de Lisle put à l'abri du besoin se livrer à ses études favorites et poser les bases d'une découverte qui non seulement transforma' la minéralogie, mais créa une science toute nouvelle, la cristallographie. Cette découverte eut sur l'étude du règne minéral la même influence que les classifications de Linné pour le règne végétal et les travaux de Cuvier pour le règne animal.

Les anciens avaient déjà remarqué que les minéraux affectent des formes régulières, toujours les mêmes pour le même minéral ; depuis le commencement du siècle on avait soupçonné que certaines formes pouvaient être déduites les unes des autres. Le grand Linné avait affirmé que la forme des cristaux devait être soumise à des lois analogues à celles qui règlent la structure des végétaux mais sans chercher à les établir.

Romé de Lisle fut le premier qui entreprit ce travail.

En 1772, âgé de trente-six ans, il publia son *Essai de Cristallographie* qui fut non seulement le premier traité de ce genre, mais même le premier livre où il fut question de cette science.

Romé de Lisle y décrit les différents cristaux dont il a mesuré mécaniquement les angles, ce qui lui a permis de constater leur régularité dans une même espèce. Il ébauche même un système de classification, mais absorbé par la description détaillée des cristaux il ne parvint pas à trouver les lois qui les relient les uns aux autres.

Mais comme il avait ouvert un cours et réuni des collections qu'il laissait à la disposition du monde savant, un de ses élèves, l'abbé Haüy, de sept ans plus jeune que lui, compléta l'œuvre du maître; dans ses mémoires parus en 1781-82, il établit les lois géométriques qui règlent la formation des cristaux, lois que toutes les découvertes modernes n'ont fait que confirmer, sauf à corriger quelques-unes des applications qui en avait été faites. Mais si Haüy est le législateur qui plaça d'emblée la cristallographie au rang des sciences mathématiques, Romé de Lisle en fut l'initiateur, il indiqua la voie à suivre pour atteindre le résultat auquel le nom d'Haüy qui lui survécut d'ailleurs de 32 ans est resté attaché.

Mais si Romé de Lisle n'eut pas l'honneur de couronner sa première œuvre, il jeta encore les bases d'un autre progrès bien plus fécond dans ses résultats.

Son protecteur étant mort, il fut désigné comme son exécuteur testamentaire et depuis lors négligea quelque peu ses études favorites pour aider les savants chargés de faire la description des richesses accumulées par d'Ennery. Ce nouveau travail ne tarda pas à l'intéresser et il se mit à étudier le poids des médailles et monnaies qui passaient par ses mains ; ces poids étaient naturellement exprimés en mesures anciennes ce qui permit de faire des comparaisons avec celles alors en usage en France et même de comparer entre elles celles des différentes nations de l'antiquité. Peu à peu il étendit ses observations aux mesures linéaires, de surfaces, de capacités, et réunit ainsi les matériaux d'un travail d'ensemble d'où sortit bientôt un projet de réforme des poids et mesures complété après sa mort par l'adoption du système métrique.

La mort de M. d'Ennery mit Romé dans une

situation pénible et par surcroit sa vue usée par de trop pénibles travaux vint à se perdre et de Lisle, aveugle, aurait connu la misère sans la bienveillance de Louis XVI qui lui donna une pension sur sa cassette privée. Il mourut d'hydropisie en 1790 à l'âge de cinquante-quatre ans.

Outre ses remarquables travaux sur les cristaux et les poids et mesures de l'antiquité, il publia dans le *journal de Physique* des lettres sur divers sujets, notamment sur le feu central et sur le soleil.

Initiateur de la cristallographie et de la métrologie scientifiques, il fut de son vivant mieux connu à l'étranger que par ses concitoyens; aussi les académies de Berlin, Stockholm et Francfort s'honorèrent-elles de le compter au nombre de leurs membres. Puissent ces quelques lignes rappeler aux Francs-Comtois, aux habitants de Gray en particulier qu'ils sont les compatriotes de ce savant dont les œuvres en apparence modestes ont été fertiles en résultats, utiles à l'humanité et glorieuses pour la France.

DESAULT

Une vie tout entière consacrée au soulagement de ses semblables, un talent remarquable, on pourrait dire le génie de son art, doivent assurer à Pierre-Joseph Desault une place dans le souvenir de ses concitoyens. Ce célèbre chirurgien, un des premiers que la France ait possédés, naquit en 1744 à Magny-Vernois (Haute-Saône). Ses parents, quoique peu fortunés et chargés d'enfants, parvinrent à faire donner à chacun d'eux une bonne éducation. Pierre, celui qui nous occupe, était destiné par eux à l'état ecclésiastique.

A dix-sept ans, après avoir achevé sa philosophie, il avait déjà commenté l'œuvre si abstraite de Borelli *De motu animalium*, quand il se sentit irrésistiblement entrainé vers l'étude de la chirurgie. Abandonnant alors les projets formés par ses parents, il résolut de se consacrer entièrement à cette profession, si en rapport avec son génie et ses aptitudes spéciales. Au profond amour que lui inspirait la science se joignait en lui un désir d'être utile à l'humanité.

Sa détermination prise, Desault se rendit à l'hospice militaire de Belfort où il séjourna trois années se livrant avec une rare sagacité aux plus fructueuses observations sur les nombreux cas de blessures et d'amputations que l'on avait à y soigner.

En 1764, voulant compléter ses études sous la direction des maîtres les plus habiles de l'époque, il se rendit à Paris, sans autre appui que sa rare intelligence et sa ferme résolution d'arriver à son but. Travailleur infatigable, en même temps qu'il suivait les cours d'Antoine Petit, de Louis et de Sabathier, il donnait pour vivre, des leçons d'arithmétique. Après deux ans de cette dure existence, il fut à même de faire des cours d'anatomie, puis de chirurgie. Desault n'était pas orateur, sa parole simple, dénuée d'ornements n'avait rien d'entraînant ; mais il était dans ses explications d'une clarté, d'une précision mathématique ; il était d'ailleurs doué de deux facultés rarement unies dans une seule personne, l'esprit d'observation et celui de déduction, ce qui lui permettait de tirer des conclusions aussi justes que sûres. Sachant toujours se renfermer dans son sujet, son ingénieuse méthode d'enseignement et son profond savoir lui attachèrent un nombre considérable d'élèves.

N'est-il pas triste de dire que ces succès si bien justifiés suscitèrent des jalousies de la part d'autres professeurs dont les plaintes furent sur le point de forcer Desault à fermer son amphithéâtre. Heureusement, Lamartinière, homme de grand mérite, qui admirait dans son jeune confrère cette justesse des idées, ce tact intelligent et délicat, ce coup d'œil sûr, révélant un grand chirurgien lui vint en aide et le nomma son répétiteur. De cette façon, Desault put continuer sans obstacles ses savantes leçons où se pressait une foule d'étudiants.

Faute d'argent, non de savoir, il n'avait pu passer sa thèse : le docteur Louis, avec une délicatesse qui ne pouvait permettre un refus, lui ouvrit sa bourse et c'est ainsi que Desault soutint brillamment cette épreuve et devint docteur (1776). La même année il fut nommé membre du collège de chirurgie ; puis chirurgien en chef de la Charité en 1782 ; chirurgien en chef de l'Hôtel-Dieu en 1788 et membre du conseil de santé des armées du roi.

C'est à lui qu'appartient l'ingénieuse idée des

cliniques chirurgicales : la première qui ait existé
en France a été celle qu'il a fondée à l'Hôtel-Dieu.
Constamment en éveil pour toutes les améliora-
tions possibles dans la chirurgie, il fit un nombre considérable d'inventions et de perfectionnements, non seulement dans les instruments
employés, mais encore dans les procédés d'opérations : c'est ainsi qu'il trouva un nouveau
bandage pour les fractures de la clavicule ; qu'il
substitua le couteau droit au couteau courbe
dans les amputations ; qu'il conseilla de repren-
dre la ligature immédiate des artères dans l'am-
putation des membres ; procédé employé au
XVIᵉ siècle par Ambroise Paré et qu'on avait
abandonné.

Au reste la vie entière de Desault était consacrée sans partage à ses élèves et à ses malades.
Bien qu'il eût une famille, il couchait à l'Hôtel-
Dieu pour être toujours au chevet de l'être souffrant quand sa présence y était nécessaire et là,
l'homme sévère devenait doux, patient, plein de
bienveillance. Chaque jour il faisait à l'hospice
deux visites ; quand il y avait des opérations,
on descendait le malade à l'amphithéâtre où
Desault entouré de ses élèves leur faisait une
leçon sur la maladie, ses causes et la méthode
la meilleure à employer. Puis il attachait au

sujet un élève chargé de rédiger chaque jour un rapport sur la marche du mal, sur les changements survenus. Après le dénouement quel qu'il fût, ce rapport était lu par les élèves, devant celui qu'on avait sauvé, s'il était guéri, ou devant les étudiants si la mort était survenue et le professeur, toujours à son poste, en expliquant les faits analysés, cherchait à découvrir le moyen d'arriver à de meilleurs résultats.

Tout en se livrant à ces travaux, son activité dévorante lui permettait d'écrire d'utiles ouvrages, entre autres un traité des maladies chirurgicales publié plus tard par son ami Chopart qui y avait collaboré.

Son amour de l'humanité et l'utile emploi de sa vie n'empêchèrent pas que Desault, dénoncé par Chaumette, fut au milieu d'une leçon, arrêté et conduit à la prison du Luxembourg. Il n'y resta que trois jours ; l'indignation générale soulevée par cet acte arbitraire engagea le comité de sûreté générale à lui rendre la liberté.

Cette arrestation l'affecta profondément ; depuis sa sortie il fut en proie à une fièvre ataxique qui l'emporta en peu de jours le 1er juin 1795. Il n'avait que cinquante-un ans.

Une mort si brusque, si inattendue fit naitre des soupçons, on crut à un empoisonnement et

les passions politiques s'en mêlant, on corrobora
ce bruit en disant que Desault, appelé à donner
des soins au malheureux dauphin, avait refusé
de s'associer à des desseins criminels formés
contre le pauvre enfant. Cependant on fit l'autopsie de l'éminent chirurgien et il fut démontré
qu'il n'avait été victime d'aucun empoisonnement.

SŒUR MARTHE

Parmi le nombre très considérable des femmes
françaises qui se sont signalées par leur dévouement, leur abnégation et leurs actes héroïques
envers l'humanité souffrante, nous trouvons à
Thoraise près de Besançon une figure trop
touchante et trop belle pour ne pas la faire paraître dans notre galerie. Anne Biget, en religion
Sœur Marthe, naquit dans cette petite ville
en 1748.

Religieuse ursuline depuis de longues années,
elle dut en 1790, quand les couvents furent sup-
primés, quitter l'asile qu'elle s'était choisi et
venir à Besançon continuer comme sœur laïque
à secourir la souffrance, consoler le malheur, relever l'infortune.

C'est surtout pendant les guerres de l'empire
qu'elle se multiplia pour secourir les prisonniers
et les blessés à quelque nation ou à quelque reli-

gion qu'ils appartinssent. On se demande comment elle put accomplir tant de traits louables pendant cette longue période de guerres et à travers d'innombrables difficultés. Les malheurs quelque nombreux et quelque longs qu'ils fussent, trouvèrent toujours Sœur Marthe à leur hauteur; aussi son nom était-il connu et révéré dans tous les camps. Lorsque le maréchal Oudinot passa à Besançon il voulut voir Sœur Marthe. « C'est sur le champ de bataille, lui dit-il, que j'ai appris à vous connaître; j'ai désiré vous voir et vous dire que vous n'avez pas soigné des ingrats. » En effet, cette femme si ingénieuse pour accomplir le bien put se rendre compte que la reconnaissance n'est pas une vertu aussi rare qu'on veut bien le dire. Même les soldats étrangers qu'elle avait soignés le lui prouvèrent.

Quelques prisonniers, qui devaient en partie la vie à ses soins, ayant recouvré leur liberté voulurent en consacrer le premier jour à offrir une petite fête à leur bienfaitrice. Ce devait être un spectacle bien touchant que de voir ces hommes exprimer dans presque toutes les langues de l'Europe, leur gratitude envers notre noble et dévouée compatriote.

Des Espagnols, prisonniers également, dont la plupart blessés avaient été soignés par Sœur

Marthe, avant de retourner dans leur patrie, lui offrirent un petit crucifix en argent sur lequel étaient gravés ces mots : *A notre bonne mère Marthe, notre bienfaitrice*. Elle refusa d'abord ce présent, mais on la contraignit à l'accepter en lui faisant considérer qu'«elle ne pouvait refuser l'image de son Dieu ».

Comme la nomenclature seule des bienfaits et des actes héroïques accomplis par Sœur Marthe occuperait tout un volume, nous ne parlerons que d'un seul, bien touchant.

A Pontarlier, un tout jeune soldat condamné à mort pour désertion, était prêt à subir sa peine. Sa mère navrée de douleur attendait les yeux fixés vers la porte de la prison pour voir une dernière fois son fils unique. De temps en temps un faible rayon d'espérance éclairait son regard : elle se rappelait alors qu'une personne lui avait promis de solliciter la grâce de son fils. Cependant rien ne venait la rassurer.

L'heure fatale sonna et la porte de la prison s'ouvrit. Le malheureux déserteur parut conduit par le détachement chargé de l'exécution. A cette vue, sa mère, toute frissonnante d'horreur, s'élança pour empêcher la marche s'écriant : « Ils vont tuer mon enfant »; mais les soldats repoussant sans violence cette mère folle de douleur continuèrent d'avancer. A ce moment on aperçut à l'extrémité opposée de la rue une femme marchant aussi vite que lui permettait son âge avancé. Elle tenait à la main une lettre et agitait le bras comme pour arrêter le cortège : c'était Sœur Marthe. La foule s'écarta pour lui livrer passage et la mère à ce mouvement s'écria : Mon fils est sauvé !

En effet, Sœur Marthe encore toute haletante de la rapidité de sa course, s'approcha et tendit à l'officier le pli qu'elle apportait : c'était la grâce pleine et entière accordée au jeune soldat par l'empereur lui-même.

Inutile de dire avec quelle joie l'heureuse mère pressait les mains de celle qui venait de lui rendre son enfant. « Dieu n'a pas voulu rayer de sitôt du livre de la vie le nom de votre fils », lui dit Sœur Marthe ; puis, s'adressant à ce dernier : « Que Dieu vous garde, mon enfant, pendant le reste de vos jours. »

Peu de temps après, sa robuste constitution, pliant sous le poids des années et brisée par les fatigues de sa longue mission, elle perdit totalement ses forces. Cette femme si grande et si simple à la fois s'éteignit à l'âge de soixante-quinze ans, aimée et respectée de tous, après avoir, joui de l'ineffable bonheur que donnent aux âmes d'élite des sentiments élevés tels que les siens et les actes d'héroïsme accomplis avec un entier désintéressement en faveur de ses semblables.

Elle avait été décorée de l'ordre de la Légion d'honneur et de plusieurs autres ordres étrangers.

JOUFFROY D'ABBANS

La Franche-Comté peut s'enorgueillir de compter au nombre de ses enfants un de ces hommes de génie qui, par ses découvertes scientifiques, a le plus contribué à mettre la France au premier rang des nations, car elles ont modifié les mœurs, les coutumes, les relations des peuples et ont répandu partout la richesse.

En effet, quoi qu'on en ait dit, la découverte de la force motrice due à la vapeur et ses premières applications resteront l'éternelle gloire de trois Français : Denis Papin, Gribeauval et Claude-François de Jouffroy, marquis d'Abbans, l'illustre Franc-Comtois dont nous allons raconter la vie.

Le marquis Jouffroy d'Abbans naquit en 1751 à Abbans-Dessus. Noble et riche, il reçut une éducation supérieure, et montra dès son jeune âge une aptitude toute particulière pour les

sciences exactes dont l'étude approfondie était
alors le privilège d'un petit nombre. L'enthousiasme avec lequel il s'y livrait lui attira chez
lui des luttes auxquelles il finit par succomber.
Sa famille, loin d'encourager ces heureuses dispositions, qu'elle n'appréciait pas, cherchait, et
parfois d'une façon amère, tous les moyens pour
les combattre.

A l'âge de vingt ans environ, Jouffroy fut admis
au nombre des pages de Marie-Antoinette, alors
dauphine ; puis, il entra au régiment de Bourbon
(1772). Probablement il se fût voué à la carrière
des armes, si un duel qu'il eut avec son colonel
n'eût changé sa destinée : une lettre de cachet,
obtenue par sa famille, le fit enfermer pour deux
ans au fort de l'île Sainte-Marguerite.

Ce temps ne fut pas perdu. Doué d'un profond
esprit d'observation, n'ayant d'autres distractions
que la vue de la mer, il se mit à étudier la marche
des galères, dirigées à cette époque par les for-
çats ramant sur leurs bancs. Constatant les
inconvénients d'un tel état de choses, il se procura
une quantité d'ouvrages sur les manœuvres des
galères, sur la marche des navires, etc..., et ses
deux années de réclusion furent deux années fructueuses, pendant lesquelles il compléta les connaissances spéciales qui lui manquaient encore.

Le résultat de ses recherches fit naître chez lui la conviction que l'action des rames pouvait être remplacée par une machine à vapeur : il s'appuyait du reste en cela sur les principes posés par Papin qui, dès 1695, avait décrit un bateau à roues mues par la vapeur.

Ayant recouvré sa liberté (1775), Jouffroy se rendit à Paris. Jacques Périer (1742-1818) et son frère venaient de créer la pompe à feu de Chaillot, destinée à alimenter d'eau une portion de la capitale. Le jeune marquis obtint ses entrées chez ces industriels et, en étudiant cette machine, se confirma de plus en plus dans son idée de faire servir la vapeur à la navigation. Il se trouva en relations avec un gentilhomme très répandu dans la bonne société du temps, versé lui-même dans les sciences mécaniques et s'intéressant à tout ce qui était progrès : c'était Ducret, qui comprit combien l'idée du jeune inventeur était féconde.

Ducret réunit dans son salon quelques personnes capables de discuter utilement cette intéressante question. Parmi elles se trouvaient : Follenay, le comte d'Auxiron et Jacques Périer dont les avis devaient avoir la plus grande influence sur l'avenir de la découverte.

En principe, on admit comme réalisable le nouveau genre de navigation ; on décida même d'en faire l'essai ; mais on ne put s'entendre sur le mode du mécanisme à employer et encore moins sur les calculs des résistances à vaincre et de la force motrice nécessaire. Périer finit par déclarer les plans du marquis non réalisables ; Ducret se rangea à cette opinion et Jouffroy, qui avait cependant raison, ne fut approuvé que par le comte d'Auxiron et par Follenay. Ceux-ci ne cessèrent de l'encourager ; ils croyaient à la justesse de ses calculs et lui cherchaient de tous côtés des souscripteurs, afin qu'il pût mettre ses projets à exécution. Malheureusement le comte d'Auxiron se mourait à ce moment. Dans une de ses dernières lettres, il écrivait à Jouffroy : « Courage, mon ami, vous seul êtes dans le vrai. »

Pendant ce temps, Jacques Périer, dans ses immenses ateliers, disposant d'un riche capital, protégé par l'Académie des sciences, faisait exécuter un bateau sur ses propres données ; mais le résultat ne répondit pas à son attente.

De son côté, Jouffroy, désigné sous le sobriquet de *Jouffroy la Pompe* par suite de sa *prétention de vouloir accorder le feu et l'eau*, ne se découragea pas. Aidé seulement par un pauvre chaudronnier de Baume-les-Dames, n'ayant ni les outils nécessaires, ni les matériaux indispensables, il parvint non sans peine à construire un petit bateau à vapeur dont le moteur était une pompe à feu et qu'il fit naviguer sur le Doubs en juin et juillet 1776. L'impulsion était donnée par le système dit palmipède, parce que les mouvements imitent ceux des oiseaux aquatiques ; mais les expériences lui démontrèrent le vice de ce système, impuissant à faire mouvoir une grande masse, surtout en remontant le courant. Il fallait trouver mieux. Un inventeur, homme de génie et convaincu, ne se laisse pas de suite abattre par les revers : Jouffroy, consacrant à son œuvre ses dernières ressources, se remit au travail avec une ardeur nouvelle. Cette fois il parvint à établir un bateau dont les rames étaient remplacées par des roues à aubes ou à palettes : le 15 juillet, il lança sur la Saône à Lyon ce pyroscaphe de grande dimension, mû par deux machines à vapeur et qui remonta plusieurs fois la rivière jusqu'à l'île Barbe située à une bonne lieue de la ville.

Ces intéressantes expériences eurent lieu en présence de plusieurs milliers de citoyens et de délégués officiels représentant l'Académie de Lyon. Le succès fut complet et procès-verbal en fut dressé par l'Académie. Cependant le manque d'argent n'avait pas permis d'employer des matériaux de bonne qualité, ni des ouvriers habiles tels qu'il les aurait fallu. Il était indispensable de continuer, de faire mieux encore : la réussite n'était plus douteuse. Jouffroy pensa à constituer une société d'actionnaires pour l'exploitation de ces bateaux qui, avec de nouveaux perfectionnements, seraient livrés à un service de transports réguliers.

Quelques personnes voyant là une bonne affaire consentirent à mettre des fonds dans l'entreprise en exigeant toutefois l'obtention préalable, par l'inventeur, d'un privilège pour trente années d'exploitation. Jouffroy, fort de son droit, ne supposant pas que sa découverte pût lui être contestée, s'adressa à M. de Calonne pour solliciter ce privilège du gouvernement.

Le ministre de Louis XVI envoya la requête à l'Académie pour savoir s'il y avait invention. En même temps le marquis de Jouffroy remettait à l'Académie un mémoire sur les pompes à feu.

L'Académie choisit pour commissaires devant vérifier les faits, l'abbé Bossut, Borda, Cousin et J. Périer; ces deux derniers étaient spécialement chargés d'examiner le pyroscaphe.

Périer, le rival de Jouffroy, dont les essais avaient été malheureux, crut que la chose était impossible. Il exposa ses doutes et ne voulut pas reconnaitre que le bateau qui avait bien fonctionné sur la Saône, était hors de service, non pas parce que le système était défectueux mais bien parce que la construction n'avait pas été faite dans les conditions matérielles nécessaires.

Pour se prononcer, l'Académie demanda à Jouffroy de répéter ses expériences sur la Seine, devant les commissaires qu'elle désignerait, avec un bateau du port de 300 milliers et tout cela à ses frais.

En conséquence, M. de Calonne répondit au marquis :

Versailles, 31 janvier 1784.

« Je vous renvoie, Monsieur, l'attestation du succès qu'a eu à Lyon la pompe à feu par laquelle vous vous proposez de suppléer aux chevaux pour la navigation des rivières, ainsi que d'autres pièces que vous m'avez adressées jointes à votre requête tendant à obtenir le privilège exclusif, pendant un certain nombre d'années, de l'usage des machines de ce genre. Il a paru que l'épreuve faite à Lyon ne remplissait pas suffisamment les conditions requises ; mais si, au moyen de la pompe à feu, vous réussissez à faire remonter sur la Seine, l'espace de quelques lieues, un bateau chargé de 300 milliers, et que le succès de cette épreuve soit constaté à Paris d'une manière authentique, qui ne laisse aucun doute sur les avantages de vos procédés, vous pouvez compter qu'il vous sera accordé un privilège limité à quinze années, ainsi que vous l'a précédemment marqué M. Joly de Fleury.

Je suis bien sincèrement, Monsieur, votre très obéissant serviteur,

DE CALONNE.

Une décision aussi injuste, aussi inattendue, attéra le malheureux inventeur. Confiant dans les succès qu'il avait obtenus, il se croyait sûr de l'avenir et voilà que ses espérances les plus chères étaient anéanties. De ses luttes, de ses travaux, de ses veilles, de sa réussite même, il ne lui restait plus rien. Il avait consacré ses dernières ressources à la construction de son pyroscaphe et l'on exigeait qu'il recommençât à faire ses preuves ! On lui imposait de fournir un bateau mieux conditionné et d'une dimension très supérieure ! Quel affreux réveil ! Profondément découragé, il comprit qu'il ne pouvait plus lutter contre ses détracteurs. Sans se plaindre, il fit un dernier effort pour envoyer à Périer un modèle de son pyroscaphe réduit à 1/24. On ne sut jamais ce que devint ce petit bateau.

Sur ces entrefaites la révolution éclata. Le marquis de Jouffroy forcé d'émigrer laissa de côté toute tentative pour affirmer son invention et s'enrôla dans l'armée de Condé.

A cette époque on s'occupait beaucoup en Angleterre de la construction des pompes à feu, de la vapeur employée comme force motrice ; Watt et Wast en faisaient déjà d'utiles applications. On conseilla à Jouffroy de porter son invention en ce pays ; des offres mêmes lui furent faites. Exilé, méconnu par ses concitoyens, il tint à honneur en bon patriote, de ne pas livrer à une nation, alors en guerre avec la France, ses découvertes dont il comprenait toute l'importance.

Vers 1810, il rentra en France. Deux hommes à ce moment s'occupaient activement de la navigation à vapeur : Desblancs qui, opérant sur une base fausse, ne réussit point ; et l'américain Fulton (1765-1815). Desblancs, en rivalité avec Fulton, ayant écrit dans une feuille publique, que l'idée première des bateaux à vapeur lui était due, Fulton rendit au véritable inventeur un hommage qui dut lui être bien doux. De cette réponse, nous citerons les quelques lignes suivantes : « Que M. Desblancs se rassure ! Est-ce d'exploitation, de lucre, qu'il est question ? Je ne lui ferai point concurrence en Europe, ce n'est pas sur les ruisseaux de France, c'est sur les grandes rivières de mon pays que j'exécuterai ma navigation ! Est-ce d'invention qu'il s'agit ? Ni M. Desblancs, ni moi n'imaginons le pyroscaphe.

Si cette gloire appartient à quelqu'un, elle est à l'auteur des expériences de Lyon, des expériences faites en 1783 sur la Saône. »

Le fidèle ami de Jouffroy, le général Follenay était aussi revenu à Paris. Ils voulurent une fois encore tenter la fortune ; mais, ils échouèrent de nouveau et, toujours faute de fonds, ils ne purent pas même obtenir un brevet d'invention.

Enfin, sous la Restauration, ce brevet fut accordé au marquis. Cette faveur, cette justice tardive devrions-nous dire, lui rendit l'espérance. Il parvint à former une société financière ; une ère nouvelle allait donc s'ouvrir devant lui. Un bateau à vapeur, le *Charles-Philippe*, construit à Bercy, fut lancé sur la Seine et le 20 août 1816, pendant les fêtes qui suivirent le mariage du duc de Berry, ce bateau passa sous les fenêtres des Tuileries où se trouvaient Louis XVIII et le comte d'Artois. Des acclamations enthousiastes avaient retenti sur les rives du fleuve pendant tout le parcours. Quand Jouffroy débarqua, il était heureux : sur ses traits graves et énergiques se montraient, avec le sentiment d'une bien juste satisfaction, les signes de la plus vive émotion.

C'était la seule récompense qui lui fut réservée ! Une autre compagnie s'était formée dans le même but que la sienne ; son privilège lui fut contesté : il fallut plaider. Les frais qu'entraîna cette lutte judiciaire, les dépenses de construction des bateaux absorbèrent les fonds qu'on avait réunis ; le résultat, fatal aux deux antagonistes, fut la ruine complète.

Retombé dans l'oubli, l'homme de génie fut réduit en 1830 à entrer par faveur aux Invalides où il mourut deux ans après du choléra laissant un fils qui a continué ses travaux.

Nous avons peut-être un peu longuement raconté les vicissitudes de la vie du marquis de Jouffroy ; mais, il nous semble cruel de voir le génie, le travail, le dévouement toujours méconnus et de constater que nombre d'excellentes idées, écloses dans un cerveau français, n'ont été accueillies chez nous qu'en revenant sous un nom étranger. Combien de grands citoyens sont morts misérables, découragés après avoir si bien mérité de l'humanité tout entière ! Nous leur devons au moins, quand l'occasion s'en présente, l'hommage dû à leur mémoire.

MONCEY

Parmi tous les généraux que leurs talents placèrent à la tête de nos armées pendant la révolution et l'empire, il en est un dont le nom seul est un éloge. En effet, Moncey, dont la carrière fut si longue, ne montra jamais ni inconséquence, ni versatilité; ses talents militaires, son énergie à défendre sa patrie furent les seuls titres qui l'élevèrent au grade de maréchal, dignité si enviée pendant l'épopée impériale.

Ce futur maréchal de France, qui fut simple soldat sous Louis XV, capitaine sous Louis XVI, général de la république, maréchal de l'empire, naquit en 1754 à Besançon où son père était avocat au parlement.

Les premières lectures de l'enfant firent naître en lui l'admiration des guerriers illustres; à peine était-il âgé de quinze ans que, voulant suivre la carrière des Bayard et des Turenne, il s'évada

du collège et s'enrôla dans le régiment de Conti-
Infanterie. Son père qui désirait le faire entrer
au barreau racheta deux fois son congé, mais le
jeune homme ne goûtant pas la chicane reprit le
chemin de la caserne.

Nommé capitaine en 1791, il fut envoyé deux
ans plus tard dans les Pyrénées à la tête du corps
connu sous le nom de : *Légion des chasseurs
cantabres* ; il se distingua à la défense du camp
d'Andaye d'une manière si remarquable, qu'il fut
en peu de temps nommé général de brigade, puis
général de division.

Au mois d'août 1794, un décret de la Convention l'appela au poste éminent de général en chef
de l'armée des Pyrénées occidentales. Peu confiant dans son propre mérite, Moncey écrivit
deux lettres dictées par un sentiment admirable
de modestie et de simplicité : l'une au comité du
salut public, pour refuser le poste de commandant en chef qu'il ne se croyait pas capable de
bien remplir ; l'autre au général Muller pour le
prier de l'aider à faire agréer son refus.

Le commissaire Pille comprit la dignité des
lettres de Moncey et, s'inspirant des sentiments
du gouvernement, lui écrivit une lettre dont nous
croyons intéressant de citer quelques passages.

. . . .

. . . . « Quant au manque de talents qui est encore un des motifs de ton refus, je n'y crois pas ! Rarement la modestie s'allie à l'inca-pacité, et par cela même que tu prétends n'en avoir pas assez, je suis convaincu que tu possèdes ceux qui sont nécessaires pour commander et conduire à la victoire une armée dont tu as la confiance.

« Je t'engage donc, général, à ne pas quitter une place que tu es digne de remplir. »

Moncey dut obéir ; il accepta d'occuper le poste de général en chef. Bientôt il put prouver que sa modestie lui avait fait méconnaître son mérite ; car en peu de temps il prit Fontarabie, le port du Passage, Saint-Sébastien, soumit le Bastan, la vallée de Roncevaux et força l'Espagne à deman-der la paix (1796).

Dans la deuxième campagne d'Italie (1800), après avoir franchi le Saint-Gothard, il s'empara de Bellinzona, de Plaisance et concourut à la brillante victoire de Marengo ; il se distingua encore au combat de Monzabano, à Roveredo et, après la conclusion de l'armistice, il fut chargé d'occuper la Valteline.

L'année suivante (1801), Bonaparte nomma Moncey inspecteur général de la gendarmerie. Celui-ci fit observer au premier consul qu'il

devrait confier cette fonction à un de ses frères
car, disait-il : « Ce poste est tellement important
et son influence est si grande, qu'il faut pour
l'occuper plus que des talents de guerre, plus que
des dignités sociales. » — « C'est vrai, répondit
Napoléon, on ne confie pas une telle arme à tous
les bras ; mais Moncey est trop fort et trop sûr
pour que je ne la lui abandonne pas toujours. »

Dans ces nouvelles fonctions, Moncey montra
et les mêmes vertus guerrières et le même désintéressement : aussi n'avait-il pour toute fortune
qu'une petite propriété patrimoniale située en
Franche-Comté.

Napoléon, appréciant Moncey à sa juste valeur,
voulut lui offrir le château de Baillon, situé à
quelques lieues de Paris. Mais, craignant de
blesser sa susceptibilité, et voulant lui ôter toute
possibilité de refuser cet important cadeau, il
eut recours au stratagème suivant, raconté par
Chénier :

« Un jour, de grand matin, un aide de camp du
premier consul vient trouver le général Moncey
pour lui proposer une partie de chasse ; — il
accepte. On part, et bientôt on arrive dans un
délicieux château présentant tout ce que l'opu-
lence peut ajouter de charmes au séjour des
champs. Le général est frappé d'admiration ; le

site enchanteur qui s'offre à sa vue semble dilater son cœur et rafraîchir son âme : il n'a point oublié les riants coteaux de sa Franche-Comté, et il ne peut se lasser de louer cet agréable séjour. Après quelques heures livrées au plaisir de la chasse, on rentre au château, où un déjeuner splendide était servi avec luxe. Le déjeuner fini, l'aide de camp, qui faisait les honneurs du lieu, propose de visiter les appartements. Le général Moncey les trouve disposés commodément, avec goût et, croyant flatter le propriétaire de ce beau domaine, s'étend avec complaisance sur le bonheur de goûter quelquefois le repos dans un asile où Horace aurait joui avec délices de cet *aurea mediocritas* qu'il vantait avec tant de raison.

Enfin, on avait parcouru toutes les parties du château, et la journée déjà avancée rappelait au général qu'il était loin de Paris, il parlait même de se retirer, lorsque l'aide de camp du premier consul lui dit :

« Mon général, si vous vous trouvez bien ici, pourquoi n'y resteriez-vous pas ? » — « Mais je ne puis m'établir ainsi votre pensionnaire. » — « Comment mon pensionnaire! vous n'êtes point chez moi. » — « Chez qui donc ? » — « Chez vous. » — « C'est trop aimable, mais je ne puis abuser à ce point de votre amitié. » — « J'ai l'honneur de vous répéter, mon général, que vous êtes chez vous. Cette propriété vous est offerte par le premier consul qui m'a chargé de vous y installer. »

Le général fut un moment interdit ; il ne pouvait croire à cette munificence royale ; mais son incrédulité tomba devant les titres de propriété qu'on lui présenta et il ne put que charger l'adroit mandataire du premier consul de lui porter l'expression de sa profonde gratitude et de son dévouement sans bornes. Moncey n'oublia point, en effet, cette circonstance qui fut une des plus agréables de sa vie ; car il l'a rappelée dans son testament en des termes partis du cœur. »

Tous les témoignages de sympathique gratitude dont Bonaparte comblait son général, lui suscitèrent quelques jaloux. Mais l'envie est souvent maladroite et parfois ses armes s'émoussent ou blessent ceux qui les manient. Au moment de la conspiration dans laquelle était impliqué Pichegru, les fourgons de celui-ci ayant été saisis, on y trouva des lettres familières que son compatriote et ami de jeunesse, Moncey, avait écrites. Quelqu'un hasarda de perfides insinuations contre ce général devant Napoléon, qui d'un ton calme mais sévère, répondit à l'accusateur : « Vous ne vous connaissez pas en hommes :

Moncey est honnête jusque dans ses pensées les plus intimes. »

Napoléon, devenu empereur en 1804, comprit Moncey dans la première promotion des maréchaux, puis le nomma grand officier de la Légion d'honneur, et, peu après, duc de Conégliano.

Lorsque éclata la guerre d'Espagne, Moncey, envoyé de nouveau dans ce pays, battit les insurgés de Valence au défilé d'Almanza (1808), et contribua à la prise de Saragosse (1809).

On sait de quelles luttes terribles l'Espagne fut le théâtre pendant cette guerre. Moncey toujours aimé de ses soldats, sut montrer aux vaincus une bonté qui lui conquit ces cœurs ardents, dont l'amour de la patrie dirigeait la défense énergique.

Le fait suivant choisi parmi plusieurs en est la preuve :

Le maréchal, quittant Valence pour retourner à Madrid, ramenait avec lui un convoi de blessés et de malades qui marchaient à l'arrière-garde. Ce convoi fut tout à coup assailli par un corps de guérillas. Bientôt les nôtres allaient succomber sous leurs coups, lorsque quelques-uns s'écrient: « Nous sommes les soldats de Moncey. » A ces mots, les bras levés s'abaissent comme par enchantement et la fureur fait place à une généreuse compassion. Le convoi des blessés se remet en marche au milieu des Espagnols qui s'écartent pour le laisser passer.

Après avoir séjourné quelque temps en Espagne, Moncey fut rappelé en France, où il reprit la direction de la gendarmerie.

Lorsqu'en 1814 les alliés firent le siège de Paris, Moncey, alors major général de la garde nationale, tenta de défendre les murs de la capitale et combattit vaillamment les assiégeants ayant son fils à ses côtés. « Nous avons bien commencé, s'écriait le maréchal, nous devons bien finir ; c'est là notre dernier retranchement, faisons un dernier effort, l'honneur et la patrie nous le commandent. » Il ne déposa les armes que lorsque la capitulation eut été signée.

Un monument commémoratif lui a été élevé sur la place même qu'il défendit et à laquelle on a donné son nom. Un très saisissant tableau dû au pinceau d'Horace Vernet que possède notre musée du Louvre, rappelle cet héroïque combat.

Après les cent-jours, chargé par Louis XVIII de présider un conseil de guerre qui devait juger le maréchal Ney, Moncey se récusa et expliqua sa conduite dans une lettre que nous cédons au désir de rapporter ici :

« Sire, placé dans la cruelle alternative de

désobéir ou de manquer à ma conscience, j'ai dû
m'en expliquer à Votre Majesté. Je n'entre pas
dans la question de savoir si le maréchal Ney est
innocent ou coupable ; votre justice et l'équité de
ses juges en répondront a la postérité, qui pèse
dans la même balance les rois et les sujets ; mais,
sire, je ne puis me taire sur les dangers dont on
environne Votre Majesté. Eh quoi ! le sang français n'a-t-il pas déjà assez coulé ? Nos malheurs
ne sont-ils pas assez grands ? L'avilissement de
la France n'est-il pas à son dernier période ? Est-
ce lorsqu'on a besoin de rétablir, de restaurer,
d'adoucir et de calmer, qu'on nous propose, qu'on
exige de nous des proscriptions ? Ah ! sire, si ceux
qui dirigent vos conseils ne voulaient que le bien
de Votre Majesté, ils lui diraient que jamais
l'échafaud ne fit des amis ; croient-ils que la mort
soit si redoutable pour ceux qui la bravèrent si
souvent ? C'est au passage de la Bérésina, sire,
c'est dans cette malheureuse catastrophe que
Ney sauva les débris de l'armée. J'y avais des
parents, des amis, des soldats enfin qui sont les
amis de leurs chefs ; et j'enverrais à la mort celui
à qui tant de Français doivent la vie, tant de
familles leurs fils, leurs époux et leurs parents ?
Non. sire, s'il ne m'est pas permis de sauver mon
pays, ni ma propre existence, je sauverai du

moins l'honneur ; et s'il me reste un regret, c'est d'avoir trop vécu, puisque je survis à la gloire de ma patrie. Quel est, je ne dis pas le maréchal, mais l'homme d'honneur qui ne sera pas forcé de regretter de n'avoir pas trouvé la mort dans les champs de Waterloo ! Ah ! peut-être si le maréchal Ney avait fait là ce qu'il avait fait tant de fois ailleurs, peut-être ne serait-il pas traîné devant une commission militaire, peut-être ceux qui demandent aujourd'hui sa mort imploreraient sa protection. Excusez, sire, la franchise d'un vieux soldat qui, toujours éloigné des intrigues, n'a connu que son métier et sa patrie. Il a cru que la même voix qui a blâmé les guerres d'Espagne et de Russie, pouvait parler le langage de la vérité au meilleur des rois, au père de ses sujets. Je ne me dissimule pas qu'auprès de tout autre monarque ma démarche aurait été dangereuse, je ne me dissimule pas non plus qu'elle pourra m'attirer la haine des courtisans ; mais, si en descendant dans la tombe, je puis, avec un de vos illustres aïeux, m'écrier : « Tout est perdu, fors l'honneur », alors je mourrai content. »

Avant de se prononcer définitivement dans cette affaire, Louis XVIII envoya au maréchal, le baron de Vitrolles qui, s'adressant à lui, lui dit :

— « Je viens vous apporter un message du roi. J'ai ordre de vous dire que la réponse que vous allez me faire, vous attirera toutes les faveurs ou toutes les disgrâces du souverain. »

— « Que me veut le roi ? »

— « Que vous rétractiez le refus que vous avez fait de présider le conseil de guerre qui doit juger le maréchal Ney. »

— « Le maréchal Moncey n'a qu'une parole. J'ai refusé et je persiste dans mon refus. Dites au roi que j'accepte toutes ses disgrâces et que je me soumettrai à toutes les conséquences qu'elles entraînent. »

Quelle que fût la noblesse du motif qui inspirait ce refus, ce n'en était pas moins un acte d'indiscipline ; aussi, le roi destitua Moncey de tous ses emplois et l'interna au fort de Ham. Mais une fois la faute expiée, le roi montra qu'il avait bien compris le maréchal et peu de temps après le rappela et lui rendit tous ses grades.

Lors de notre intervention en Espagne, Louis XVIII eut recours à sa vieille expérience et lui donna le commandement du 4me corps d'armée chargé de soumettre la Catalogne. Le roi ne l'avait même pas consulté avant de lui imposer cette grande tâche et Moncey fit quelques observations ; mais Louis XVIII lui dit : « Allez, signez vos ordres et vos proclamations du nom de Moncey, je suis sûr du succès ; car ce nom seul sera magique. »

En effet, quoique âgé de soixante-dix ans, passant quelquefois 20 heures à cheval, Moncey se montra digne de la réputation qu'il avait acquise. Il s'empara promptement de Puycerda, de Rosas, de Figuières et força Barcelone, Tarragone, Hostalrich à se rendre.

Nommé dans ses dernières années gouverneur de l'hôtel des Invalides, il y reçut, deux ans avant de mourir, en 1840, les cendres de Napoléon Ier, de celui qui dans ses mémoires de Sainte-Hélène l'avait surnommé « l'honnête homme ».

Moncey était né violent, mais la bonté de son cœur tempérait la vivacité de son caractère. Tout était vrai et sincère en lui : sentiments, mœurs, manières. Aussi éloigné de la fausse modestie que de l'orgueil, il se laissait voir à tout le monde tel qu'il était : loyal, sensible à la reconnaisance et fidèle à l'amitié.

PERCY

Un grand écrivain a dit que la vocation vraie ne connait pas d'obstacle : Percy en est une preuve. Son père qui était lui-même chirurgien militaire disait : « Je préférerais tuer mon fils plutôt que de le voir étudier la chirurgie; » malgré cela, en sortant du collège, c'est à l'étude de la médecine et de la chirurgie que le jeune homme se consacra tout entier. Reçu docteur à vingt et un ans, il devint aussitôt aide-chirurgien dans la gendarmerie de Lunéville : nous verrons qu'il ne devait pas s'arrêter là. Son esprit net, juste, pénétrant, le sentiment du devoir imposé par le sacerdoce médical, l'amour de sa profession lui permirent de faire beaucoup de bien. Dès ses débuts, il pratiqua avec succès des opérations regardées jusque là comme très périlleuses.

En 1784, son mémoire sur les ciseaux à incision obtenait le premier prix de l'Académie de chirurgie : et ce prix, que Percy désirait pour l'offrir à son père, fut décerné le lendemain de la mort de celui-ci.

A la révolution, Percy fut successivement chirurgien des armées du Nord, de la Moselle et du Rhin. Dans cette dernière, après avoir réorganisé les ambulances militaires, il créa, de concert avec Larrey, le corps de chirurgie mobile si justement admiré par les puissances étrangères. Ce nouveau mode d'action, permettant de faire les opérations indispensables sur le lieu même où tombe le blessé, donne d'excellents résultats ; tandis qu'avant cette innovation les chirurgiens des ambulances militaires, restant sur les derrières de l'armée attendaient qu'on leur amenât les soldats blessés et les secours ainsi différés donnaient des résultats beaucoup moins satisfaisants, sans compter les maux endurés par le patient dans un trajet souvent long et difficile. De plus, Percy avait eu l'idée de faire proposer par Moreau au général autrichien une convention en vertu de laquelle « tout hôpital militaire doit être inviolable ; chaque armée restera maîtresse de ses hôpitaux après avoir perdu le pays qu'elle occupe ; chaque militaire guéri sera rendu à son armée, etc.... »

Ne songeant qu'aux souffrances des malheureux

blessés, Percy fut plusieurs fois atteint par les balles ennemies, au milieu desquelles il n'hésitait pas à exercer ses fonctions ; mais son dévouement était son égide et la mort n'osait l'abattre.

A Manheim il passa le Rhin emportant sur son dos l'officier Lacroix gravement blessé ; douze pièces de canon tiraient sur le pont qui menaçait de s'effondrer ; malgré cela et sans vouloir abandonner son précieux fardeau, Percy arriva sur la rive opposée aux applaudissements frénétiques de l'armée française.

Il ne put à son grand regret prendre part à l'expédition contre la Russie, en proie qu'il était à une grave ophthalmie ; mais à Waterloo, nous le retrouvons à son poste. Napoléon l'avait, en récompense de ses bons services, créé baron de l'empire et nommé professeur à la Faculté de Paris.

Après la restauration de 1815, Percy dut prendre sa retraite ; il se retira dans sa propriété de Montgré près de Meaux où il mourut en 1825. Il continuait, pour les pauvres particulièrement, à exercer son art et s'occupait d'agriculture, faisant de nombreux essais dont il rendait compte à la société d'agriculture de Paris.

Depuis longtemps déjà sa santé était gravement altérée et les affections dont il souffrait ne laissaient plus aucune ressource à l'art, ni aucun espoir à l'amitié. Jusqu'à son dernier jour il supporta courageusement les plus cruelles douleurs, tout en souhaitant de les voir finir. « Je crois, disait-il à ceux qui l'entouraient, voir la mort à travers un corps transparent, elle s'approche de moi et il me semble que je frappe à coups redoublés pour rompre la barrière qui nous sépare. »

Les écrits que Percy a laissés, et ils sont nombreux, traitent presque exclusivement de chirurgie. Son style est pur, élégant même et reflète la haute dignité de son caractère.

Dans l'intimité il aimait à raconter de petites scènes de sa vie de bivouac, nous en rappellerons une sans importance : L'armée étant à Freymark, les soldats cherchaient partout des ustensiles pour préparer les aliments ; Percy et quelques militaires étaient dans une cabane dépourvue de tout ; on alla à la marande : chacun rapporta quelque chose, l'un une marmite, l'autre une terrine. Lui, il avait trouvé un seau ; on se mettait à la besogne pour préparer la soupe, lorsqu'un officier de la maison de l'empereur vint réclamer le seau disant qu'il s'en était emparé et que Percy était venu le lui prendre. « Je n'ai rien à vous rendre lui dit Percy, et si vous connaissiez la fonction dont Sa Majesté vient de m'honorer, vous

ne persisteriez pas dans votre réclamation. » —
« Qui êtes-vous donc, Monsieur ? » — « Ce que je
suis ! Apprenez que je suis garde des sceaux. »
L'officier rit et laissa entre les mains de Percy
l'objet en litige.

———

LECOURBE

C'est dans la petite ville de Ruffey que le général Lecourbe naquit en 1759. Il voulut suivre, comme son père, la carrière des armes et il devait y réussir car son caractère était formé d'un heureux assemblage de force, d'intelligence, d'impétuosité et de sang-froid.

Ayant quitté brusquement le collège pour ne pas subir une légère punition qu'il avait encourue, il s'engagea dans le régiment d'Aquitaine. Il en sortit au bout de huit ans sans avoir obtenu aucun grade.

Revenu auprès de sa famille, son inaction ne fut pas de longue durée, car en 1789 il fut choisi par ses concitoyens pour commander la garde nationale de Ruffey. Peu après, capitaine de la 8e compagnie du 7e bataillon du Jura, il conduisit un petit corps de troupes au camp de Wissembourg.

Appelé avec son bataillon à l'armée du Nord, il fut placé par Dumouriez à l'avant-garde. Là, devenu chef de bataillon, il fit des prodiges de vaillance, avec sa troupe qu'on surnomma la *division infernale*. Pendant vingt et un mois il livra chaque jour de nouveaux combats.

L'ennemi étant devenu maître de Valenciennes et de Condé, on s'occupa de bloquer Maubeuge. Le prince de Cobourg qui voyait ses lignes bien gardées et à l'abri d'un coup de main avait dit : « Si les Français me chassent d'ici, je me fais républicain; » cependant, après un combat acharné qui dura trente-six heures, Lecourbe entra le premier, un fusil à la main, dans les lignes de Wattignies. Ses soldats, fiers de leur chef, qu'ils avaient déjà surnommé le *brave des braves* et le *bourru bienfaisant* disaient de lui : « Il se bat comme pour lui-même, » et, Moreau, l'appréciant hautement, prédit que « Lecourbe irait loin ».

Malgré sa probité, son honneur et sa bravoure, Lecourbe ne fut pas toujours à l'abri des persécutions que les succès attirent ordinairement. Accusé d'avoir avancé que la Convention n'avait pas le droit de juger le roi, il fut arrêté à la tête de son bataillon. Après avoir été détenu à Arras et à Nantes, il fut traduit devant une commission militaire. Son innocence le fit acquitter à l'una-

nimité tandis que quatre de ses dénonciateurs
furent par le même tribunal condamnés à l'échafaud. Il aurait voulu pouvoir les sauver; mais
malgré ses plus actives démarches, il ne put obtenir que la grâce d'un seul.

Chef de brigade à la bataille de Fleurus (1792),
Lecourbe, avec trois bataillons tint tête pendant
sept heures à 18 000 Autrichiens. Puis, il passa
successivement à l'armée de Sambre-et-Meuse, à
celles du Rhin, de la Moselle, du Danube, de
l'Helvétie.

Nommé général de brigade en 1796, puis divi-
sionnaire en 1798, Lecourbe continua de se signa-
ler dans toutes les campagnes où il prit part et
accomplit des actions si brillantes pendant celle
d'Helvétie que les ennemis eux-mêmes ne par-
laient du général français qu'avec admiration.
Un Suisse écrivit ce distique :

Nuper ut aerias superat Lecurbius Alpes,
En, juga conclamant, Annibal alter adest !

(En voyant leurs sommets aériens s'abaisser
sous les pas de Lecourbe, le voilà, ont répété les
Alpes, le voilà, le nouvel Annibal!)

Après la paix de Lunéville, Lecourbe vint s'installer dans une maison de campagne auprès de
Paris. Incapable de trahir, il ne put croire à la
trahison de Moreau sous les ordres duquel il

avait servi ; il venait plein de sympathie assister aux débats du procès de son ancien chef en donnant le bras à Mme Moreau. Cette conduite lui attira la disgrâce de Napoléon ; Lecourbe passa plusieurs années en exil et ne reprit de l'activité qu'après la chute de l'empereur. Il fut reçu avec une bienveillance toute particulière par le comte d'Artois ; le roi le fit grand officier de la Légion d'honneur, lui conféra le titre de comte et le nomma inspecteur général d'armes dans la 6ᵉ division militaire.

Lorsque Napoléon débarqua de Cannes en mars 1815, plusieurs officiers supérieurs, entre autres le maréchal Ney, voulurent décider Lecourbe à se prononcer en faveur de l'empereur. A ces instances il répondit : « Bonaparte ne m'a fait que du mal ; le roi ne m'a fait que du bien : je suis venu pour servir le roi. »

Cependant Lecourbe, voyant les dangers de sa patrie, fit taire ses sentiments personnels et accepta le commandement du corps d'armée d'observation dans le Jura dont Belfort était le quartier général. Malgré tous ses efforts, malgré l'intelligence dont il fit preuve, il dut abandonner sa première ligne de défense. C'est là qu'apercevant un bataillon des gardes nationales de Saône-et-Loire qui, terrifiées à la vue de l'immense supé-

riorité numérique de l'ennemi, cherchaient à fuir,
Lecourbe se jeta au milieu d'elles en s'écriant :
« Vous vous trompez, mes enfants, l'ennemi
n'est pas là; venez avec moi, je vous montrerai
le chemin qu'il faut prendre. »

Accablé par les fatigues de cette dernière
campagne, Lecourbe mourut à Besançon peu de
temps après (1815).

Son nom est inscrit sur le côté est de l'arc de
triomphe de l'Etoile.

ROUGET DE LISLE

Rouget de Lisle, né à Lons-le-Saunier en 1760, était le fils d'un avocat. Au collège de sa ville natale, où il faisait ses études, il montra les plus heureuses dispositions pour la littérature et pour la musique. Cependant il entra à seize ans à l'école militaire de Paris et ensuite à celle de Mézières. Bientôt officier du génie, il embrassa avec ardeur les idées et les principes de 89. Quand trois ans plus tard, la guerre fut déclarée (avril 1792), il était capitaine à Strasbourg. C'est dans cette ville qu'il composa son hymne célèbre qui plus tard se nomma la Marseillaise. Strasbourg avait organisé un bataillon de volontaires qui devait faire partie des troupes qu'on allait opposer aux armées étrangères. Un soir Rouget de Lisle dînait chez le maire, ce dernier lui demanda de composer une marche pour exciter le courage et l'entrain de ce bataillon.

Rentré chez lui à 11 heures du soir, le jeune officier prit son violon et inspiré par son ardent patriotisme, créa, musique et paroles, cette marche, une des plus grandioses, des plus entraînantes qu'on connaisse, qu'il appela tout d'abord *Chant de guerre de l'armée du Rhin*. Le lendemain, il la porta à M. Dietrich et la chanta devant toute la famille du maire qui fut enthousiasmée (au Louvre un tableau de Pils rapelle très fidèlement la scène).

Cet hymne, dont le rythme sublime devait longtemps conduire nos soldats à la victoire, ne fut connu à Paris qu'à l'arrivée des volontaires marseillais qui traversèrent la France en le chantant, et qui le chantèrent encore dans la journée du 10 août en attaquant et en prenant les Tuileries. C'est alors qu'on l'appela *l'hymne des Marseillais*, puis simplement la *Marseillaise*. Cette marche guerrière avait un tel prestige sur l'esprit de nos soldats, qu'un général, se trouvant trop faible pour livrer bataille, demanda au Directoire un renfort de mille hommes ou une édition de la Marseillaise.

L'auteur de ce chant célèbre était et resta toute sa vie royaliste constitutionnel : aussi refusa-t-il après le 10 août un nouveau serment, qu'il jugeait contraire à celui qu'il avait prêté à la

constitution de 1791. Arrêté sous la Terreur, il
fut emprisonné à Saint-Germain en Laye, où il
resta dix-neuf mois. Quand la chute de Robes-
pierre le rendit à la liberté, il quitta son cachot en
chantant *l'hymne du 9 thermidor* que cette fa-
meuse journée lui avait inspiré.

En 1795, nous le retrouvons avec Tallien,
prenant part et étant blessé au combat de
Quiberon.

Deux ans après, il quittait la vie militaire pour
se vouer tout entier aux lettres et à la musique,
sans se prévaloir auprès du gouvernement (quoique sans aucune fortune), des services qu'il avait
rendus. Cependant sa correspondance montre
bien qu'il vécut dans une gêne continuelle; nous
ne rapporterons que quelques lignes d'une lettre
qu'il écrivait à un de ses amis : « Mes affaires,
dit-il, vont toujours de même, c'est-à-dire de
mal en pis. Ce qui m'assassine ce sont les espérances prolongées sous différentes formes qui ne
vous laissent de vie que pour souffrir en les cares-
sant. Vive un bel et bon désespoir bien conditionné, bien définitif; il vous tue son homme et
tout est dit. » Malheureusement pour lui, on
pourrait citer beaucoup de passages semblables à
celui-ci.

Ce que Rouget de Lisle a surtout célébré, ce

sont les gloires militaires de la France, la liberté de la pensée, l'amour de notre patrie.

Ses œuvres sont nombreuses ; on peut citer : *Historique et souvenirs de Quiberon ; Cinquante chants français,* dont les paroles sont de divers auteurs ; *Jacquot* ou *l'école des mères,* musique de Della Maria ; *Tom et Lucy,* romance avec accompagnement de violon ; *Rosa mourante,* une nouvelle ; le libretto de *Bayard en Bresse,* pièce réprésentée à la comédie italienne, la musique était de Champein, etc., mais toutes moins brillantes que la Marseillaise.

En 1826 Rouget de Lisle travaillait à son opéra de *Macbeth,* il espérait sur les bénéfices qu'il en retirerait payer un petit emprunt de 500 francs qu'il avait contracté ; mais le créancier refusant d'attendre, le fit écrouer dans la prison pour dettes de Clichy. Agé de soixante-six ans, le pauvre maestro souffrit beaucoup et fut atteint d'un commencement de paralysie. Béranger, ayant appris que l'auteur de la Marseillaise était détenu, solda la dette et fit ainsi rendre la liberté à son confrère.

La révolution de juillet rendit moins triste la vie de notre héros : Louis-Philippe, lieutenant général du royaume, lui fit sur sa cassette une pension de 1 500 francs. Dans la lettre qui lui annonçait cette bonne fortune, le duc d'Orléans écrivait entre autre chose à Rouget de Lisle : « L'hymne des Marseillais a réveillé dans le cœur de monsieur le duc d'Orléans des souvenirs qui lui sont chers. Il n'a pas oublié que l'auteur de ce chant patriotique fut un de ses anciens camarades d'armes... »

Le 30 décembre 1830 le roi lui envoyait la décoration de la Légion d'honneur, distinction à laquelle Rouget de Lisle fut très sensible. Il finit ses jours à Choisy-le-Roi chez M. Volard, père de la célèbre Mme Amable Tastu. Dans cette maison amie, ses derniers moments furent paisibles ; mais il était oublié par ses anciens admirateurs et mourut en 1836.

Plus juste que ses contemporains, la postérité lui a érigé à Choisy-le-Roi une statue en bronze, œuvre recommandable du sculpteur Steiner. L'inauguration de cette statue a eu lieu le 28 juillet 1882.

CUVIER

Avant Cuvier, la zoologie et la géologie n'étaient pour ainsi dire que confusion et que désordre. Son génie, son esprit d'observation sagace, débrouilla ce chaos. Il était d'une assez pauvre famille protestante originaire du Jura, où se trouve encore un village portant son nom. A l'époque de la révocation de l'Édit de Nantes, elle s'était réfugiée à Montbéliard, alors chef-lieu d'une principauté appartenant au duc de Wurtemberg, et qui fit partie de l'empire germanique jusqu'en 1796. Ce fut dans cette ville que Georges Cuvier naquit en 1769.

Cet Aristote du XIX⁰ siècle, qui a parcouru sa carrière à pas de géant, fit ses premières études sous le patronnage affectueux de sa mère et trouva en elle un guide sûr et zélé. Cuvier se livra dès son enfance à l'étude avec l'avidité d'un génie naissant qui saisissait tout et s'assimilait tout.

Son goût spécial pour l'histoire naturelle, lui fut, dit-on, inspiré dès l'âge de dix ans par la lecture des œuvres de Buffon. Pendant ses récréations il s'amusait à découper les silhouettes des animaux, les collait sur du carton, puis, d'après la description, les coloriait au moyen de petits morceaux de soie ingénieusement taillés qu'il y appliquait.

Après avoir complété son instruction au collège de Montbéliard, Cuvier, protégé par le duc Charles de Wurtemberg, fut admis à l'académie Caroline de Stuttgard, sorte d'école polytechnique où il acquit une parfaite connaissance de la langue allemande et de sa littérature.

Sa modeste fortune ne lui permettant pas de se livrer uniquement à ses goûts pour l'étude, il accepta avec empressement les fonctions de précepteur du fils du comte d'Héricy, et se rendit à Fiquainville en Normandie auprès de son élève.

Pour un homme supérieur, tout est occasion de perfectionnement. Les années que notre futur savant passa en ce pays, au bord de la mer, ne lui furent point inutiles : son esprit y trouva une retraite studieuse qu'il sut mettre à profit et sa santé assez délicate s'y améliora.

Non loin du château d'Héricy, s'était formé une société agricole dont Cuvier devint secrétaire. Il y rencontra l'abbé Teissier, qui s'était enfui de

Paris au moment de la Terreur et qui assistait aux séances sous un pseudonyme. La lucidité avec laquelle ce dernier émettait ses idées, ses connaissances étendues firent deviner à Cuvier qu'il était l'auteur de certains articles publiés dans le dictionnaire de l'Encyclopédie méthodique. Un soir, s'approchant de lui, le jeune secrétaire l'appela par son nom. Tout effrayé, perdant son sang-froid, l'abbé s'écria : « Je suis découvert, je suis perdu ! » — « Perdu, au contraire ; vous allez devenir désormais l'objet de nos soins les plus empressés ; » et à partir de ce moment, ils restèrent toujours dans les meilleures relations.

Cette rencontre eut pour Cuvier d'excellent résultats. L'abbé Teissier connaissait M. de Jussieu, Lamethrie, Lacépède, Geoffroy Saint-Hilaire. Il les mit en correspondance avec son jeune ami, dont il leur parla dans les termes les plus élogieux. Ces messieurs l'accueillirent avec une bienveillance toute particulière quand il vint s'établir à Paris en 1795. C'est alors qu'il fut nommé membre de la commission des arts, professeur à l'école centrale du Panthéon pour laquelle il rédigea d'abord son ouvrage connu sous le titre de *Tableau élémentaire* de *l'Histoire naturelle des Animaux ;* puis ses leçons d'anatomie comparée.

En suivant cette voie scientifique, qui était bien la sienne, il entra au muséum en qualité d'adjoint de Mertrud, professeur d'anatomie. Son enseignement dont la renommée s'étendit rapidement, ses travaux exceptionnels, lui valurent l'estime et l'affection de tous les vrais savants. Il fut élu membre de l'Institut national dès sa fondation en 1796; remplaça dans la chaire d'histoire naturelle au collège de France, Daubenton mort en 1799 et devint professeur titulaire au muséum du jardin des plantes en 1802. La même année Bonaparte fit réorganiser l'instruction publique et Cuvier fut l'un des six inspecteurs chargés d'établir des lycées dans les trente principales villes du royaume, mais il ne conserva pas longtemps ces fonctions. Pendant une de ses absences de Paris, l'Institut le choisit pour être secrétaire perpétuel de la section des sciences. C'est en cette qualité qu'il rédigea un important rapport sur les progrès des sciences naturelles depuis 1789. Ce savant travail, comme l'a dit le baron Pasquier , « est un phare placé entre deux siècles et montre à la fois le chemin parcouru et la route à suivre. »

Le cadre de cet ouvrage ne nous permet pas d'entrer dans le détail des innombrables travaux de cet homme prodigieux. « Pour résumer ses œuvres, a dit un écrivain, il faudrait passer en revue l'univers et les sciences qui en exposent les merveilles. »

Comme naturaliste, Cuvier a rendu les plus grands services en donnant à la zoologie une classification naturelle qu'elle n'avait pas. Ses *Recherches sur les ossements fossiles* parurent en 1811 : C'est aux fossiles, dit-il, qu'est due la naissance de la théorie de la terre ; sans eux, on n'aurait peut-être jamais songé qu'il y ait eu dans la formation du globe des époques successives et une série d'opérations différentes. Eux seuls donnent la conviction que le globe n'a pas toujours eu la même enveloppe, par la certitude où l'on est que les êtres auxquels ils ont appartenu ont dû vivre à la surface avant d'être ensevelis dans la profondeur.

C'est ainsi que la géologie peu comprise jusqu'alors fit par lui d'immenses progrès.

Avec son ami Brongniard, il publia un remarquable ouvrage sur les terrains des environs de Paris, dans lequel il fournit les moyens de déterminer l'âge des diverses couches terrestres par la nature des débris qu'on y rencontre. Ayant posé le principe absolu qu'il appelait *la corrélation des formes* entre les organes des êtres, il s'appliqua, avec une sagacité extraordinaire à reconstituer un monde disparu depuis des siècles de la surface du globe. On doit le reconnaître. l'anatomie comparée, science dont il fut l'initiateur, a opéré une révolution dans les études modernes, en permettant d'approfondir les mystères de la création, d'assigner aux parties constitutives des êtres leurs rapports exacts, de les classer méthodiquement et de prouver, comme il l'a fait, qu'en reconnaissant un des organes d'un animal quelconque, on peut en déduire les autres organes et reconstituer l'animal tout entier.

Cuvier avait pour Buffon une admiration profonde ce qui ne l'empêchait pas de souligner en les rectifiant, les erreurs de l'élégant écrivain. « Un demi-siècle, disait-il, a suffi pour tout métamorphoser et il est fort probable que dans le même espace de temps nous serons, nous aussi, devenus des anciens pour la génération qui s'élève; motifs de ne jamais oublier la respectueuse reconnaissance que nous devons à nos prédécesseurs, et de ne point repousser sans examen les idées nouvelles qu'une jeunesse ardente conçoit et qui, si elles sont justes, prévaudront malgré tous les efforts que l'âge présent pourrait faire.»

Doué d'une égale aptitude pour toutes les sciences, qu'il sut propager en même temps qu'il les faisait progresser, Cuvier était aussi utile à

l'académie qu'au conseil d'État, où l'avait promu
Napoléon. Cette nomination étonna quelques
intimes du maître qui lui demandèrent la raison
de ce choix. « C'est, répondit-il, afin qu'il puisse
prendre quelque repos. » En effet, c'était par la
variété seulement que Cuvier donnait à son
esprit une détente nécessaire, car il ne cessait
jamais de travailler ; la lecture l'absorbait même
pendant ses repas.

Une grande douleur était réservée aux derniers jours de Cuvier. Il avait perdu déjà trois
de ses enfants en bas âge, il ne lui restait qu'une
fille, Clémentine, qu'il adorait. Elle lui fut enle-
vée en 8 jours par une brusque maladie de poitrine, elle avait vingt-deux ans et devait se ma-
rier quelques jours après. Cette mort fut un coup
terrible pour Cuvier. Les consolations et la plus
tendre amitié que lui témoignèrent sa femme et
sa belle-fille, Mlle Duvaucel, ne purent affaiblir
sa douleur. Pendant deux mois il abandonna les
séances du comité de l'intérieur dont il était président.

La première fois qu'il y reparut après ce douloureux événement, lorsqu'il se leva pour résumer la question débattue pendant la séance,
les sanglots lui coupèrent la parole et cet homme
si énergique, en proie à la plus douloureuse émo-

tion, cacha son visage dans ses mains inondées de larmes. Un respectueux silence se fit dans l'assemblée car on connaissait la cause de son émotion. Cuvier, faisant alors un suprême effort dit à ses confrères : « Excusez-moi, messieurs, j'étais père et j'ai tout perdu. » Et redevenu maître de lui-même, il résuma la question avec son calme habituel.

Sans pouvoir jamais se consoler, il se remit au travail avec une nouvelle ardeur et l'année suivante fit paraître son immense travail sur l'ichthyologie. Entouré d'amis, de disciples, d'admirateurs, il étudiait toujours : la mort seule put l'arrêter.

Le 8 mai 1832 il rouvrait son cours au Collège de France. Dans cette séance qui fut la dernière, il peignit avec son éloquence et son élévation de pensée habituelle, les merveilles de la création en remontant de celle-ci jusqu'au Créateur. Comme à l'ordinaire, un auditoire nombreux écoutait son attachante parole. Le soir, rentré chez lui, il éprouva un engourdissement dans les membres. Le lendemain ses bras étaient paralysés, sa parole difficile, bien que la puissance de sa pensée survécût à l'affaiblissement de ses organes. Son ami, le baron Pasquier vint le voir. « Vous le voyez, lui dit Cuvier, il y a loin de l'homme du mardi à celui du samedi ; et tant de choses cependant qui me restaient à faire ! Trois ouvrages importants à mettre au jour ! les matériaux étaient préparés, tout était disposé dans ma tête, il ne me restait plus qu'à écrire ; et voilà que la main me fait faute, et entraîne avec elle la tête ! »

Cuvier mourut dans ce calme, cette paix que procurent l'assurance du devoir accompli et l'espoir fondé de laisser après soi un nom immortel parce qu'il est attaché à des œuvres impérissables.

FOURRIER

Si la Franche-Comté a produit un nombre considérable d'habiles généraux, d'érudits, d'hommes politiques, elle a aussi produit des poètes, des artistes et des rêveurs. Fourrier fait partie de ces derniers.

Génie prodigieux, quoique incomplet, a dit de lui Béranger, qui aurait pu ajouter esprit fécond et original au suprême degré, âme dévorée par l'amour du bien public qui lui fit croire à l'application possible de systèmes irréalisables d'organisation sociale, Charles Fourrier naquit à Besançon en 1772.

C'était un enfant délicat plutôt que robuste, mais doué d'une imagination prodigieuse ; rien de ce qui pénétrait dans son esprit n'en sortait, il était réfléchi et studieux plus que ne le permettait son âge et, quoique très bon, il se montrait parfois fantasque et capricieux.

Quoiqu'il eût voulu tout apprendre, la musique, la botanique, la géographie servaient d'aliments principaux à son goût pour l'étude et elles furent ses premières passions. Tenace, intelligent il apprit tout seul à jouer de plusieurs instruments et réussit même dans l'art difficile de la composition; en botanique il parvint à faire de sérieuses et utiles classifications ; quant à la géographie il y prenait un tel plaisir que toutes ses petites épargnes d'enfant étaient employées à acheter des cartes qu'il étudiait pendant une grande partie de ses nuits.

A l'âge de neuf ans, Fourrier composa un petit poëme renfermant des idées neuves et profondes qu'on ne pouvait attendre d'un enfant si jeune : la mort d'un pâtissier, dont paraît-il, il appréciait très fort les produits, avait éveillé sa verve. Il aimait les gâteaux. Un jour qu'il était en train d'en manger deux, posés l'un sur l'autre, ses sœurs lui firent honte, lui reprochant de ne pas leur en avoir offert. « Ah ! mes sœurs, dit-il, je voulais seulement essayer si, mangés ainsi les gâteaux étaient meilleurs. » Et probablement il y avait dans son fait plus de curiosité que de gourmandise, car il sut bien souvent se priver pour les autres. L'anecdote suivante en est une preuve d'autant plus certaine que Fourrier était encore enfant quand le fait se passa.

En se rendant à l'école il avait rencontré un pauvre homme auquel pendant assez longtemps il donna son déjeûner. Un jour, le vieux mendiant qui s'était accoutumé à recevoir chaque matin son repas, ne voyant plus l'enfant vint demander aux parents du petit Charles des nouvelles de leur fils. Ayant appris que son jeune bienfaiteur était absent pour quelques jours, le vieillard témoigna un grand chagrin dont il finit par expliquer la cause ; et, l'aumône qui lui avait été si discrètement faite fut continuée par les parents.

Toujours pressé par une infatigable ardeur d'apprendre, Fourrier avait acquis en quelques années un savoir considérable. Il eût été bien heureux de continuer à acquérir de nouvelles connaissances ; car, pour lui, réfléchir était un impérieux besoin, savoir était le vrai bonheur. Mais, sans fortune, il était destiné au commerce, aux chiffres qu'il n'aimait pas et auxquels il se consacra cependant en partie : il fallait travailler pour vivre. Commerçant ou comptable pendant toute la journée, Fourrier redevenait le soir le penseur et le philosophe qu'on connaît et passait à écrire la plus grande partie de ses nuits. En 1808 il publia un de ses ouvrages intitulé : *Théorie des quatre mouvements.*

Nous n'avons pas ici à expliquer son système, qui n'est pas toujours facile à saisir; nous dirons seulement qu'il croyait applicables aux êtres intelligents les lois de l'attraction de la matière, découverte par Newton.

Il y a, disait Fourrier, unité de mouvement entre le monde matériel et le monde spirituel, tout est lié au système de l'univers, les volontés intuitives, c'est-à-dire les passions, sont soumises aux lois de l'attraction et indépendantes de la volonté.

De là, suivant lui, en mettant en présence un certain nombre d'individus (il voulait réunir des groupes de 1 800 à 2 000 personnes), on pourrait créer un nouvel état social dans lequel toutes les passions, aussi bien les mauvaises que les bonnes, étant condensées et dirigées, concourraient en même temps au bonheur individuel et au bonheur général.

Chaque groupe devait constituer une phalange dans laquelle la vie tout naturellement eût été harmonique et le travail attrayant; cette phalange devait vivre dans un milieu spécial appelé Phalanstère.

Malgré le peu de succès qu'il obtint, Fourrier continua à développer ses idées dans un *Traité de l'association domestique agricole* (1822), dans le *Nouveau monde Industriel* (1829), dans la *Fausse Industrie* (1835). Ces ouvrages sont écrits d'un style concis, quelquefois brutal. Comme on le lui reprochait, ainsi que de n'avoir pas assez d'élégance, il répondit : « Mon style est celui d'un homme qui n'a pas de prétention au fauteuil et qui va droit au but, sans patelinage académique. » En 1832 il avait créé un journal *le Phalanstère* qui, en 1836, prit le nom de *la Phalange.*

Toujours exalté par un immense amour du bien, convaincu que ses idées mises en pratique donneraient le bonheur à l'humanité, il avait cherché et finit par trouver des adeptes. Dès lors il ne désespéra pas que l'appui de quelque riche étranger lui permit un jour de mettre en pratique les théories qu'il croyait appelées à régénérer le monde.

Après bien des déceptions, il se vit sur le point de réaliser ses chères espérances : un phalanstère fut commencé à Condé-sur-Vesgre ; mais hélas ! il ne fut jamais achevé, et les conceptions de son auteur, reprises plus tard en Amérique par les adeptes du maître sont restées à l'état de théorie spéculative, le résultat ayant démontré l'impossibilité de leur application pratique.

Souffrant et découragé, sans fortune, Fourrier ne voulut rien accepter, même de ceux qui partageaient ses opinions. « J'aime à être seul, disait-il, et je serais désolé d'imposer à autrui de la fatigue. Aussi Fourrier mourut-il seul et triste (1837). »

Le dernier jour de sa maladie, sa concierge qui, depuis quelque temps, lui apportait ce dont il avait besoin, monta chez lui. Elle le trouva enveloppé dans sa redingote, à genoux, appuyé au bord de son lit ; il était mort sans avoir eu la force d'y monter.

Travailleur, probe, intelligent, guidé par une imagination trop ardente, Fourrier s'est élancé dans un monde idéal auquel il a cru fermement. Il s'est dévoué à ses convictions et l'espérance de rendre les hommes heureux a été seul le bonheur de toute son existence.

PAJOL

Né à Besançon en 1772, Pajol étudiait le droit à l'université de cette ville, lorsque la révolution éclata. Il s'enrôla au mois de janvier 91 dans le 1er bataillon du Doubs.

Ses supérieurs discernèrent en lui des aptitudes remarquables pour l'art de la guerre et devinèrent qu'il n'avait besoin que d'occasions pour montrer ses mérites et se rendre ainsi utile à son pays. En effet la bravoure et l'intelligence de Pajol se firent admirer aux batailles de Marchiennes, de Fleurus (1794), d'Altenkirchen (1796), de Liebtingen (1797).

Au moment de l'expédition d'Egypte, il passa sous les ordres de Hoche, puis de Masséna qui le nomma chef de brigade en 1799.

En 1806 il soutint à Heilsberg, en Pologne, avec trois régiments, la charge de toute la cavalerie ennemie et montra, jusqu'à la paix de

Tilsitt, un talent militaire et un sang-froid d'autant plus remarquable qu'il se trouvait presque toujours devant un ennemi d'une grande supériorité numérique.

Pendant l'expédition de Russie il commanda l'avant-garde du 1ᵉʳ corps d'armée, prit Kourno, Eré, Mensk, Mojaïsk où il eut le bras droit cassé, et, malgré sa blessure il alla jusqu'à Moscou. Ce fut lui qui indiqua Zambrum comme le seul point où l'on pût traverser la Bérésina.

Après les désastres de Russie, il fit toute la campagne de 1813, combattit à Lutzen, Bautzen, Dresde où il eut grande part à la victoire. A Wachau, un obus ayant éclaté sous son cheval, Pajol fut enlevé à plusieurs pieds de hauteur et précipité sur le sol où il eut le bras gauche cassé et les côtes fracturées. On le croyait perdu, et tandis qu'on le transportait sur une civière l'empereur l'aperçut et s'écria : « Mon cher Pajol, je fais une perte que je ne remplacerai pas. » Puis, s'adressant à ceux qui l'entouraient il leur dit : « Si Pajol en revient, il ne devra plus mourir. »

Il en revint et quelques mois après dans la campagne de France (1814), en reprenant Montereau, il exécutait sous un feu meurtrier, au milieu de la colonne autrichienne, une des plus brillantes charges relatées dans les annales

militaires. L'empereur, qui, du plateau de Sur-
ville, suivait les opérations, en voyant la troupe
s'ébranler avec un si magnifique élan, s'écria :
« Il n'y a que Pajol dans mes généraux pour savoir
mener la cavalerie. » Il reçut comme récompense de sa valeur, le grade de grand officier de
la Légion d'honneur. Lorsque Napoléon le décora
il lui dit : « Si tous mes généraux m'avaient
servi comme vous, l'ennemi ne serait pas en
France. »

Mais les fatigues de cette journée, pendant
laquelle Pajol eut une quinzaine de chevaux tués
sous lui, rouvrirent ses blessures. Napoléon lui
accorda un congé de quinze jours et lui dit :
« Allez soigner vos blessures ; quand vous serez
rétabli je vous donnerai dix mille chevaux pour
aller souhaiter le bonjour au roi de Bavière », et
il ajouta : « Si, avant-hier, on m'eût demandé
quatre millions pour mettre les ponts de Montereau à ma disposition, je les eusse donnés sans
hésiter. »

Lorsque Napoléon revint de l'île d'Elbe, Pajol
se prononça pour lui. Dans la malheureuse campagne de Waterloo, ce général déploya, comme il
l'avait toujours fait, la plus grande valeur et si
Grouchy avait suivi ses conseils, l'empereur n'aurait pas été vaincu.

Après le désastre de Waterloo il fut mis à la retraite et en 1830 il seconda de tout son pouvoir la révolution de Juillet. Chargé de l'expédition de Rambouillet il parvint à déterminer le départ de Charles X pour Cherbourg.

Pajol refusa le titre de gouverneur du Louvre et d'aide de camp de Louis-Philippe et rentra dans la vie privée. Un événement douloureux vint l'enlever à sa famille et à ses amis ; lui, que la mort avait épargné sur les champs de batailles, mourut le 20 mars 1844 des suites d'une chute qu'il fit dans l'escalier du palais des Tuileries.

Pajol aimait les armes avec passion ; sur les champs de bataille on le voyait avant l'attaque calme et réfléchi mais, dès que le moment de l'action était venu, il s'élançait au premier rang, affrontait le péril et entraînait ses soldats par son exemple tout en conservant le plus grand sang-froid. Ses capacités militaires semblaient grandir en face des tâches difficiles à remplir, des grands obstacles à surmonter. Quant à l'homme, il semblait impossible de réunir plus d'avantages même selon le monde. Il avait une figure jolie, une taille avantageuse ; on le recherchait dans la société où il apportait le charme de son esprit et l'agrément de sa conversation joint à des mérites qui attachent.

Pajol qui avait épousé la fille du maréchal Oudinot laissa un fils à qui l'on doit un ouvrage très intéressant sur la vie militaire de son père, ainsi que la statue que l'on voit dans la ville de Besançon, représentant le héros dont nous venons d'esquisser la biographie.

DROZ

—

Droz naquit à Besançon en 1773 dans une famille suffisamment aisée, fort considérée, où régnaient les bonnes vieilles mœurs. Son père, avocat, désirant voir son fils suivre sa profession lui enseigna toutes les sciences et lui donna l'exemple de toutes les vertus qui conviennent au magistrat. Pour répondre au désir de ses parents, Droz, qui de très bonne heure n'avait montré de goût que pour les lettres, consentit à commencer le droit.

La révolution lui fit interrompre cette étude. Enthousiasmé pour cette grande cause qui promettait, en banissant l'arbitraire, d'établir l'égalité civile et le droit commun il résolut de la défendre, et en 1792 s'enrôla dans le bataillon du Doubs.

Il resta quatre ans sous les armes et se distingua à l'armée du Rhin sous Schérer et Desaix;

puis, revenu dans sa ville natale, il y professa les belles-lettres, tout en se livrant à de nombreux travaux littéraires. Nous citerons ses œuvres en suivant l'ordre chronologique dans lequel elles ont paru. Une des premières fut un *Essai sur l'art oratoire*, œuvre profondément morale comme toutes celles qui sortirent de sa plume, plus consciencieuse que brillante.

En 1803 Droz vint à Paris; il y remplit pendant plusieurs années un emploi dans les *Droits réunis*. Admis dans la société d'Auteuil, il devint l'ami de Ducis, de Cabanis, etc.

Vers ce temps il écrivit un roman sentimental *Lina* qui eut peu de succès, et l'*Art d'être heureux* qui fut traduit en plusieurs langues. Cet ouvrage eut un succès mérité par la morale saine et délicate qui en fait la base, par la pureté du style et surtout par l'honnêteté du caractère dont il porte l'empreinte. Pour Droz, savoir modérer ses désirs, aimer la retraite, faire le bien dans un cercle restreint, c'est le bonheur. Il a peut-être raison : en tout cas, les mœurs qu'il prêche, les conseils qu'il donne sont excellents.

Il concourut en 1811 pour l'éloge de Montaigne; son œuvre fut remarquée. Puis parurent ses *Études sur le beau dans les arts* (1815) et un roman intitulé les *Mémoires de Jacques Fauvel*.

esquisse de l'état de la France à l'époque de la révocation de l'Edit de Nantes.

Tout à fait oublié aujourd'hui, ce roman ne fut que médiocrement goûté à son apparition. Il avait été écrit en collaboration avec Picard. Droz, mélancolique sans être sombre, avait cette tristesse d'une âme sensible renfermée en elle-même ; il voulut mettre dans ce roman une gaieté qu'il n'avait pas, et Picard une mélancolie qui n'était pas dans sa manière. Ainsi réunis, ces deux auteurs manquèrent de naturel et leur roman n'eut pas d'intérêt.

Revenant aux idées plus sérieuses, Droz publia (1823) son livre de la *Philosophie morale ou des différents systèmes de la science de la vie*, dans lequel il cherche à concilier les diverses opinions des moralistes. Très apprécié, ce livre valut à Droz le prix Montyon et son entrée à l'Académie française (1824).

Huit ans plus tard, il fut nommé membre de l'Académie des sciences morales et politiques. Dans cet intervalle il écrivit l'*Application de la morale à la politique ;* ouvrage de bon sens plus sentimental que rigoureusement philosophique ; et un livre sur l'Economie politique (1829).

Mais la plus importante de ses œuvres, est son *Histoire du règne de Louis XVI* (1842) qu'il écrivit à l'âge de soixante-neuf ans. Il s'y applique à démontrer qu'il eût été possible de prévenir et d'empêcher ce qu'il y a eu de regrettable dans la Révolution, en la dirigeant avec énergie et droiture. L'histoire de Louis XVI est très remarquable pour l'exactitude des faits. Droz montre dans cet ouvrage un amour profond de la liberté joint à une morale aussi pure qu'inflexible.

Ayant trouvé dans Mlle Proudhon, cousine du général Pajol et de Ch. Nodier, une jeune fille qui réunissait tout ce qui pouvait l'attacher. Droz, malgré sa famille, se maria avec elle. C'est de sa fiancée qu'il écrivait : « Je devins amoureux d'une jeune personne dont les admirables qualités se peignaient sur sa charmante figure. »

Cette union fut très heureuse et lorsque Droz perdit sa compagne, sa douleur égala la tendresse qu'il avait toujours eue pour elle. Malgré le courage avec lequel il supporta le coup qui l'accablait, il ne fit que languir et souffrir. Il avait des enfants et n'oublia pas qu'il se devait à eux. « Je ne fais aucun vœu, écrivait-il, pour être promptement réuni à ma femme. Je resterai avec ce que je conserve de ma famille aussi longtemps que Dieu le jugera convenable. Mais quand viendra pour moi la fin de l'exil terrestre. j'espère que mes enfants sentiront qu'ils ne doivent pas trop s'affliger de ce que je vais retrouver leur mère auprès de laquelle ils viendront aussi me rejoindre. »

Droz avait cessé de pratiquer le culte de ses pères ; c'était un déiste convaincu. Il disait : « Je veux prouver à ceux qui me jugent avec sévérité qu'un déiste peut égaler ou surpasser un chrétien dans la pratique des devoirs envers les hommes. J'aurais désiré devenir parfait pour l'honneur de ma croyance. »

Au reste il avait la passion de tout ce qui est honnête et beau. Il aimait les arts, particulièrement la musique et la peinture. On doit le classer parmi les meilleurs, les plus respectables et les plus aimables régulateurs de l'ordre moral.

Depuis la perte de sa femme sa santé était très chancelante ; c'est aux soins multipliés et affectueux dont il était l'objet qu'il dut de passer sans accident les dernières années de sa vie. Cependant en 1850 il commit l'imprudence de se rendre par un temps humide à l'Académie française. En sortant de la réunion le froid le saisit. Cette fois le mal fut sans remède. Comprenant que son heure suprème approchait, Droz revenu à ses premières croyances demanda les secours de la religion et s'éteignit laissant après lui un nom des plus respectés et des plus honorables.

CHARLES NODIER

Nodier naquit à Besançon en 1783. On rapporte qu'à l'âge de dix ans il se fit remarquer par un de ces actes de généreuse énergie dont on trouve peu d'exemples chez un enfant : Pendant la tourmente qui agita si fortement la France, M. Nodier père, avocat à Besançon, fut nommé président du tribunal révolutionnaire de cette ville. Une vieille femme, accusée d'avoir envoyé de l'argent à un de ses parents, émigré, allait être condamnée à mort par ces hommes emportés par les passions politiques. Le jeune Nodier s'en émut fortement et intercéda pour elle. Voyant que ses supplications les plus ardentes restaient sans résultat, tout à coup il menaça de se poignarder sous les yeux même des juges si la fatale sentence était prononcée. Il eut le bonheur de voir épargner la malheureuse grâce à ce noble élan.

Vers la même époque, une aventure d'un autre genre, celle-ci assez comique, arriva à Charles Nodier.

Parmi les personnes qui fréquentaient assidûment la maison de ses parents, se trouvait Mme la baronne d'A..., personne des plus estimables dont la beauté remarquable autant que la bienveillance attirait l'admiration de tous ceux qui l'approchaient. Le jeune Nodier ressentit bientôt beaucoup de plaisir à se trouver auprès de cette amie qui le charmait.

La préoccupation de la voir devint pour lui si grande, que peu à peu, se détachant de ses études, il se laissa absorber par le sentiment d'affection folle qu'il lui vouait en silence.

Après bien des hésitations, il résolut de faire part à la baronne du malheureux état de son cœur. S'armant de courage, il lui écrivit une longue lettre, dépeignant, avec la naïveté de son âge, les vifs sentiments qu'elle lui inspirait, lui présentant ses plus respectueux hommages et lui demandant un rendez-vous.

La réponse ne se fit pas attendre. Il reçut un billet lui annonçant que l'entrevue sollicitée lui était accordée et aurait lieu à une heure indiquée dans une des allées de Chamars.

Notre collégien se garda bien de manquer au

rendez-vous; il y accourut, préparant déjà tout
ce qu'il avait à dire. Dès qu'il aperçut la baronne, il se précipita à ses genoux. Celle-ci,
sans lui laisser le temps d'articuler un mot, se
baissa vers lui et, d'une main ferme lui saisit
les deux bras qu'elle retint solidement pendant
que de l'autre elle lui infligea sans mot dire la
plus humiliante des corrections.

Cette triste issue n'était pas celle qu'avait
rêvé le jeune Nodier et plus tard, lorsqu'il
racontait cette anecdote, il disait de la baronne :
« Je ne lui en ai jamais voulu, quoique sa
sévérité ait singulièrement modifié les conditions probables de mon avenir. A dater de ce
soir-là, je suis devenu craintif, défiant de moi-
même, et il n'y a rien de pis pour faire son
chemin dans ce monde. Tel que vous me voyez
toutes les fois que je m'approche d'une femme,
je tremble d'être fouetté. »

Sa première escapade ne l'ayant pas encou-
ragé à continuer dans cette voie, Nodier revint
à ses livres avec plus d'ardeur que jamais,
étudiant surtout avec plaisir l'histoire naturelle. A dix-huit ans il publia une dissertation
sur l'*Usage des antennes des insectes*.

Il vint à Paris en 1800 où il se fit rapidement
connaitre par des romans et des poésies. En

1804 il publia ses *Essais d'un jeune Barde*
qui renferment d'excellents fragments. Presque
en même temps parut son Ode satirique contre
le premier consul, se préparant à ceindre la couronne impériale.

Cette ode, dont certaines parties sont vraiment
très belles, ne fut pas goûtée par l'idole du jour;
elle valut à son auteur quelques semaines d'in-
ternat à Sainte-Pélagie.

Néanmoins il fut peu après nommé à une chaire
de littérature à Dôle et dans la suite M. de Tercy
obtint pour lui la place de bibliothécaire à Lay-
bach. Les honoraires de cette place s'élevant à dix-
huit cents francs environ étaient bien médiocres
pour subvenir aux besoins de trois personnes :
Nodier, marié à Mlle Désirée Charve, avait une
petite fille. Malgré cela il voulut partager cette
modique somme avec son prédécesseur, vieillard
pauvre et infirme que son grand âge avait fait
congédier.

En 1824, Nodier, de retour en France, n'avait
pas de position fixe depuis plusieurs années.
M. de Taylor et M. de Cailleux, ses amis, firent
à son insu des démarches et lui obtinrent la
fonction de bibliothécaire à l'Arsenal.

Ses occupations du jour terminées, Nodier,
rentré chez lui, rédigeait des articles pour les

journaux, composait ses ouvrages. N'aimant pas
à être importuné pendant ses travaux, il avait chargé sa fille Marie d'éloigner les visiteurs gênants.

Cette jeune personne, qui devint plus tard
Mme Meissonnier-Nodier a écrit sur la vie de
son père un ouvrage très intéressant et rempli
d'anecdotes amusantes. On en pourra juger par
celle que nous allons reproduire.

Un matin, Mlle Nodier entrant dans le bureau
de son père lui dit :

— Père, il y a là un monsieur qui est déjà venu
pour te voir la semaine dernière, faut-il le faire
entrer ?

— Tu ne sais pas ce qu'il me veut ?

— Naturellement je ne le lui ai pas demandé.

— Et son nom, tu ne le lui a pas demandé non
plus ?

— Si fait. Il s'appelle Alexandre Dumas.

— Alors, c'est bien. Je sais ce qu'il veut. Dis-
lui que je suis sorti.

— Il est homme de lettres.

— Parbleu ! qu'est-ce qu'il serait ? Tiens je
t'en prie, trouve quelque chose ; dis-lui que tu
as eu la maladresse de m'égarer, mais tâche de
m'en débarrasser.

— Je vous remercie, dit Alexandre Dumas à
Mlle Nodier qui essayait de congédier le visiteur ;

je ne suis pas facile à décourager, allez ! je reviendrai.

En effet, trois jours après il renouvela sa visite...

— Eh bien ! Mademoiselle, votre impression s'il vous plait ?

Pensez vous que je serai plus heureux aujourd'hui que la dernière fois ?

— Mon Dieu, je n'en sais rien, Monsieur, répondit-elle, mais je vais au moins faire tout ce qui dépendra de moi pour cela.

— Dis père, c'est le monsieur de l'autre jour.

— Qui ça ?

— M. Alexandre Dumas.

— Encore ! Diantre, cette fois-ci il va falloir lui dire que je suis mort.

— Il me semble qu'il serait bien plus simple de le recevoir.

— Tu trouves ça simple, toi. Tu es charmante. Il vient me demander cent sous, tu comprends ; quand je les ai, je les lui offre volontiers ; mais quand je ne les ai pas ? fais-moi le plaisir de m'enseigner ce qu'il faut que je fasse ?

— Ce monsieur-là ! il vient te demander cent sous ?

— Tu l'as dit. Cent francs lui seraient plus agréables, je n'en doute pas : seulement il sait

mesurer ses exigences à la position de fortune
des personnes.

— Ah! es-tu bien sûr de ce que tu me dis?
pour mon compte vois-tu, je crois rêver. Comment, ce jeune homme de belle et aimable mine,
à la tournure élégante et distinguée, il demande
l'aumône?

— Il faut convenir que les petites filles ont
terriblement d'imagination! Je ne sais pas où
tu vas chercher ton signalement. Il n'est pas
jeune d'abord, et il n'a jamais eu la mine aimable.
Il a simplement l'air d'un vieux marchand de
contre-marques qu'il est, je le suppose; quant à
recevoir l'aumône, je t'en réponds. Tu n'as qu'à
prendre la peine de faire une fouille dans la cor-
beille aux papiers de rebut, tu y trouveras dix
autographes signées du double nom que tu pro-
tèges et si tu conserves l'ombre d'un doute sur
ses intentions après lecture faite, c'est que ton
obstination a la vie dure.

— Parfait, comme nous ne nous entendons pas
du tout évidemment, la seule manière d'en finir,
c'est d'aller chercher M. Alexandre Dumas, et
j'y vais.

— Alors apporte-moi cent sous, répliqua
Nodier avec résignation.

La jeune fille revint le sourire aux lèvres.

Devinant son succès, Alexandre Dumas lui dit gracieusement : « J'ai bien à vous remercier. Mademoiselle, car il paraît que ça n'a pas été sans peine que vous avez obtenu mon audience. »

Quel ne fut pas l'étonnement de Ch. Nodier en ne reconnaissant pas du tout dans le visiteur, le marchand de contre-marques, le faux Dumas, qu'il voulait éviter. C'était le vrai Alexandre Dumas avec qui il eut un agréable et cordial entretien et auquel il dit en le reconduisant : Au revoir et pardon mon cher Monsieur Dumas nous nous reverrons bientôt, n'est-ce pas ? En attendant, si vous m'en croyez, défiez-vous de ce diable d'homme qui s'intitule « de lettres ».

Depuis ce jour ils se virent souvent et furent les meilleurs amis du monde. Au reste Nodier était aimé de tous ceux qui le connaissaient. Sa physionomie où dominait la douceur était spirituelle et prévoyante, ses yeux d'un gris-bleu très doux exprimaient ce qui dominait dans son caractère, c'est-à-dire la douceur et la bienveillance ; son sourire fin et spirituel n'était pas exempt de raillerie. Possédant une érudition très étendue, c'était un conteur intarissable et charmant, sachant relever les petites choses par le tour fin qu'il leur donnait ; sa voix douce et vibrante, sa parole élégante, facile, sa diction pure captivaient ses auditeurs. Ses réparties étaient aussi justes que vives. Un jour dans une séance particulière de l'Académie, Nodier lisait l'article *Abolition* du dictionnaire : « *Abolition*, substantif, féminin, etc., etc...; prononcez *abolicion.* »

Un de ses confrères lui répondit : « Il est inutile de mentionner votre dernière remarque car tout le monde sait que devant l'*i* le *t* a toujours le son du *c*. » « Mon cher confrère, reprit Nodier, en appuyant sur chaque mot ayez *picié* de mon ignorance et faites-moi l'*amicié* de me répéter la *moicié* de ce que vous venez de me dire. »

La plume de Nodier aussi féconde que son esprit s'est exercée dans des genres très divers : outre ses poésies et ses romans il s'est occupé d'histoire, de critique, de philologie. Il a pris part à la polémique de la presse militante, écrivant dans plusieurs journaux royalistes où il soutenait la cause des Bourbons.

Parmi ses ouvrages sérieux nous citerons : le *Dictionnaire des onomatopées* (1808); *Questions de littérature légale* (1812); *Examen du dictionnaire de la langue française* (1828); *Notions de linguistique* (1834), œuvres d'érudition et de goût qui lui méritèrent l'entrée du sénat] littéraire. Parmi ces romans citons *Stella* ou *les*

proscrits ; le *Peintre de Salzbourg* ; *Trilby*, la
Fée aux miettes, qui eut une vogue immense ;
Jean Sbogar qu'on regarde comme son chef-
d'œuvre, etc., etc.

La muse de Nodier était facile et légère et tous
ses ouvrages se font remarquer par une grande
richesse d'imagination, un brillant coloris, beaucoup de sensibilité ; c'est cette sensibilité qui
fut principalement son génie. On trouve parfois
quelques bizarreries dans ses contes qui rappellent un peu ceux d'Hoffmann, mais toujours le
style se distingue par une pureté, une élégance
parfaites.

On doit aussi à Ch. Nodier l'*Histoire des
sociétés secrètes de l'armée* (1815) ; le *Dernier
banquet des Girondins* (1833), œuvres fantaisistes
dans lesquelles la fiction a au moins autant de
part que la réalité. Dans le volume intitulé ses
Souvenirs, il donne sur lui-même, sur ses tendan-
ces, sur ses sentiments des détails pleins d'intérêt.

Le caractère aventureux, mobile de cet écrivain se reflète dans ses œuvres excessivement variées, toujours intéressantes, toujours
agréables quoique un peu superficielles. Il s'y
montre souvent « voltigeant de fleurs en fleurs,
plus semblable au papillon qui le caresse qu'à
l'abeille qui en extrait son miel », mais il

sait charmer ses lecteurs. Faut-il en demander davantage à un romancier ? On peut ajouter que dans toutes ses conceptions il se trouve un certain sentiment de mélancolie douce et gracieuse qui était le fond du caractère de leur auteur.

Nodier mourut vers la fin de 1843 entouré des soins pieux d'une famille éplorée et d'amis dont l'attachement sincère avait apporté dans la vie de Nodier de bien douces joies ; en effet comment les affections auraient-elles pu faire défaut à qui était si digne de les inspirer ?

GIGOUX

Après les principaux hommes d'État, philoso-
phes, savants, généraux, écrivains de grand mérite dont nous avons parlé, nous allons maintenant nous occuper de quelques artistes d'un réel
talent, entre autres de Gigoux, Baron, Courbet,
Clésinger, Soitoux.

Fils d'un médecin-vétérinaire, Jean Gigoux
commença son éducation artistique à l'école de
peinture de Besançon, sa ville natale. Après un
voyage en Suisse, il vint se fixer à Paris où il
continua ses études et travailla avec ardeur. Il
faisait à la mine de plomb de fort beaux dessins,
que ses confrères mettaient quelquefois même au-
dessus de ses peintures. En 1835 âgé de vingt-
neuf ans il obtenait à l'exposition une médaille de
1re classe avec la *Mort de Léonard de Vinci*,
toile achetée 4 000 francs par le ministère de l'intérieur. Elle figure aujourd'hui au musée de Be-

sançon, non loin de la *Veille d'Austerlitz* due au même pinceau. En 1848 il avait à l'exposition une *Charlotte Corday*, dessin des plus remarquables qui lui valut encore une médaille de 1re classe. On peut encore citer parmi ses autres toiles : *Henri IV écrivant des vers sur le missel de Gabrielle;* une *Madeleine* achetée par la maison du roi ; la *Mort de Cléopâtre.*

A Paris on peut voir de cet artiste dans l'église Saint-Gervais : la *Mise au tombeau*, la *Fuite* et le *Repos en Egypte ;* au musée du Luxembourg : le *Bon Samaritain*, dans les salons de Versailles : la *Prise de Gand* et le portrait de *Charles VIII.*

On doit aussi à cet artiste de bonnes illustrations, entre autres celles d'une édition de Gil Blas ainsi qu'un volume : *Causeries sur les artistes de mon temps.*

A propos du salon de 1857, Ed. About disait de Gigoux : « On pourra reprocher à ce mâle talent de se complaire un peu trop exclusivement dans la montre de sa force, et de ne pas imiter les voyageurs antiques qui s'arrêtaient quelquefois au bord du chemin pour sacrifier aux Grâces ; mais dans un siècle comme le nôtre, quand la virilité dans les arts n'est pas un vice endémique, nous devons avant tout autre propos, féliciter l'artiste qui peint des hommes en homme. »

Notre jeune peintre ayant eu accasion de connaitre M. Thiers, une certaine liaison s'était éta-
blie entre eux. Ils étaient tous deux amateurs
passionnés d'estampes et se rencontraient souvent aux ventes de l'hôtel Drouot. L'artiste gui-
dait l'homme d'État, lui reprochant parfois de
mettre un prix trop élevé à certaines gravures ;
il lui conseillait d'attendre pour en faire l'acqui-
sition ; mais, celui qu'on a appelé plus tard l'*im-
patient vieillard* répondait : « Mon cher Gigoux,
laissez-moi acheter ces œuvres ; je serai mort
quand elles reparaitront pour être vendues. »

Un jour on se disputait aux enchères une belle
eau-forte de Ribera. Gigoux, connaisseur, voulait
l'acquérir, mais, à mesure qu'il surenchérissait,
une autre personne en faisait monter le prix.
Force lui fut de renoncer à la gravure tant désirée. Comme il sortait de la salle, il aperçut
M. Thiers tenant en main l'objet disputé et qui,
s'approchant, lui dit gracieusement : « Je vous
prie d'accepter cette eau-forte qui semblait tant
vous plaire. » Gigoux voulait refuser. « Je veux,
dit M. Thiers, que mon jeune ami garde ceci pour
cimenter nos bons rapports. »

Parmi les élèves de talent que Gigoux a formés
nous pouvons citer son compatriote :

CHARLES BARON

Ce peintre dont les œuvres brillantes et co-
quettes ont été appréciées par tout le monde, a su
répandre sur ses toiles autant de grâce, de fraicheur et de coloris harmonieux que Watteau. Ses
tableaux de genre sont charmants, les nombreuses
illustrations qu'il a faites pour différents ouvrages sont souvent des petits chefs-d'œuvre. Adepte
de l'école romantique, Baron a voyagé en Italie et
la couleur vénitienne se reflète dans sa peinture.

Depuis sa première exposition (1840) où il avait
au salon un *Atelier de sculpteur* et une *Villa au
pays latin* jusqu'en 1878, il exposa toutes les
années et obtint plusieurs médailles. Il était retiré au bord du lac de Genève lorsqu'il mourut en
1885 à l'âge de soixante-huit ans. Presque toutes
ses toiles ont été acquises par les étrangers. Le
musée du Luxembourg possède de lui : *Une ré-
ception aux Tuileries en 1867.*

GUSTAVE COURBET

Après avoir passé quelque temps au petit sémi-
naire d'Ornans sa ville natale où il eut pour
maitre l'abbé Gousset, plus tard cardinal, Cour-

bet alla achever ses études au collège royal de
Besançon. Ses parents, le destinant à la magis-
trature, l'envoyèrent à Paris pour y faire son
droit. Aussi leur étonnement fut-il très grand,
en apprenant que leur fils avait un tableau reçu
à l'exposition de peinture en 1844 ; c'était son
portrait. Il avait délaissé le code pour suivre sa
vocation artistique et bien qu'il prit quelques
leçons de Hesse et de Steuben, Courbet étudia
surtout par lui-même. « Je n'ai jamais eu, disait-
il, d'autres maitres en peinture que la nature et
la tradition, que le public et le travail. »

Depuis 1844 jusqu'à 1870, il ne manqua presque
aucune exposition ; nous ne les citerons pas
toutes : il y envoyait quelquefois huit et dix
œuvres. A l'exposition de 1850 il envoya neuf
toiles parmi lesquelles les *Paysans de Flagey
revenant de la foire* ; le *Casseur de pierres* et
l'*Enterrement à Ornans*, sont des œuvres véri-
tablement de maître.

Tous les ouvrages de Courbet furent chaque
année très loués, très critiqués et par conséquent
très remarqués. Après l'exposition de son *Enterrement à Ornans* dont la critique s'est énormé-
ment occupée, Courbet vit un jour entrer dans
son atelier un brave homme qui lui dit : « Monsieur, je suis presque votre compatriote, j'habite

Lons-le-Saulnier, et j'ai une admiration sans
bornes pour votre tableau l'*Enterrement à Ornans*. Si j'étais riche, je n'hésiterais pas à vous
en offrir cinquante mille francs ; mais, mon état
de tailleur de pierres ne me permet pas de vous
donner plus de cinq mille francs de cette belle
œuvre dont je ferai cadeau au musée de ma ville
natale. » L'artiste, touché d'une démarche si
naïve, si enthousiaste, était sur le point de céder
sa toile ; mais ses amis l'en empêchèrent en lui
démontrant qu'elle serait mieux au musée de
Besançon.

Ce tableau est actuellement au Louvre.

Si certaines de ses toiles de genre et d'académie ont été avec raison sévèrement critiquées
comme trop réalistes ou parce que le dessin y
faisait défaut, il ne faudrait cependant pas en
conclure que Courbet manquait de talent, il a, au
contraire été reconnu par tout le monde, que
comme peintre de marine, comme paysagiste et
comme animalier, il est certainement un des
peintres les plus remarquables, un maître dans
ces différents genres.

En 1855, quoiqu'ayant onze tableaux à l'exposition officielle, il fit de tout ce qu'il avait peint
une exposition particulière dans laquelle on trouvait quelques vrais bijoux d'art : l'*Affût*, les

Suites d'un duel, une *Chasse aux chevreuils,* d'un effet superbe. Nous ne citons qu'une très faible partie de ses œuvres, pourtant nous ne devons pas omettre ses grandioses et poétiques *Vues de la mer* et son admirable *Combat de cerfs* qui est au musée du Louvre.

Quant à l'homme privé, Courbet était resté quelque peu rustique, mais il était d'une grande probité, simple dans ses goûts, très original et se croyait apte à tout faire bien. Pour ce qui est de la peinture il n'avait pas tout à fait tort. « C'est moi et Perron, disait-il, qui peignons le mieux de tout Paris. » Ses prétentions en musique étaient moins justifiées. Un soir qu'il avait diné chez Mme Wey en compagnie de Gigoux, de Mme Bixis et de Mme Meissonier-Nodier, ces dames, après le repas, lui demandèrent de chanter. « Je veux bien, dit-il, seulement je composerai la chanson, paroles et musique. » Il paraît que le résultat fut si peu harmonieux, si peu poétique, que ces dames, malgré leurs efforts, riaient aux larmes, tandis que l'improvisateur continuait de plus belle.

Courbet connaissait peu nos grands écrivains français ; pourtant il n'hésitait pas à porter sur eux des jugements qui, bien entendu, étaient en rapport avec son savoir. Ainsi, un jour, on parlait devant lui de Molière : « En voilà encore un que je dois tirer au clair, s'écria-t-il, oh ! mais oui, il faut que je le tire au grand clair ! »

Depuis 1870 Courbet n'exposa plus. Nous n'avons pas ici à rechercher les raisons de cette abstention, ne voulant en aucune façon rappeler le rôle politique qu'il a pu jouer. Nous nous bornerons à glorifier l'artiste qui, de l'aveu de tous, aujourd'hui, a su se faire une place éminente dans les annales de l'art français.

Retiré à la Tour-de-Peilz, en Suisse, il y mourut en 1877.

SOITOUX

Des deux sculpteurs franc-comtois que nous allons nommer, l'un, Soitoux, est né à Besançon en 1816. C'est un élève de Feuchères et de David d'Angers. Statuaire de talent, il s'est souvent abstenu d'envoyer ses œuvres aux Salons, mais il a beaucoup travaillé pour les monuments publics. Cependant à l'exposition de 1850, il avait une figure de la République belle et bien proportionnée qui fut inaugurée sur la place de l'Institut le 24 février 1880. En 1851 le jury lui donna une médaille de 2ᵉ classe pour le *Génie des combats* et une statue de *Denis Papin* qu'il avait exposés. En 1866 il exposait divers bustes et des sculptures décoratives destinées au palais des Tuileries : la *Force génératrice* (fronton), la *Force matérielle* et la *Force intellectuelle* (bas-reliefs). Depuis cette époque M. Soitoux n'a rien envoyé aux expositions ; mais il n'est pas resté oisif. Il a été fait chevalier de la Légion d'honneur en 1880.

CLÉSINGER

Son père, peu connu, quoique bon sculpteur, fut son premier maitre. Le besoin de voir et d'apprendre davantage lui fit en 1842, âgé de vingt-et-un ans, quitter l'atelier paternel pour se rendre en Italie où il signa pendant quelque temps ses œuvres du pseudonyme de Stello.

Revenu en France, son premier envoi au Salon (1843) fut le buste de M. Weiss le savant bibliothécaire de Besançon. L'année suivante, il exposa celui de Scribe, et quelques années après, la statue de Louise de Savoie que l'on peut voir au jardin du Luxembourg. Depuis cette époque, jusqu'à sa mort, il compte vingt-et-une expositions.

En 1847 il épousa Mlle Solange Dudevant, la fille de G. Sand. La même année il envoya au Salon *Une femme piquée par un serpent*, remarquable de vérité, de mouvement, d'expression.

Une médaille de 2ᵐᵉ classe lui fut décernée. Un an après il en obtint une de première, bien méritée par sa belle *Bacchante ivre*. En 1849 il fut décoré.

Fatigué des discussions que soulevaient ses œuvres, il se retira quelque temps à Rome, mais sans abandonner le ciseau. Il faisait aussi de la peinture et souvent très bien. En 1864, il exposa un *Combat de taureaux*, œuvre justement admirée. Il acheva alors une statue de *Napoléon Iᵉʳ* et un *François Iᵉʳ* à cheval; c'était la seconde fois qu'il exécutait celle-ci; il avait, lui-même, cédant aux amères critiques dont elle avait été l'objet, détruit sa première composition. On cite comme son chef-d'œuvre l'*Ariane montée sur un tigre* (1868).

Avec un talent original, plein de vigueur et d'élégance, une exécution savante, Clésinger, qui sut faire respirer le marbre, eut pendant toute sa vie d'artiste des admirateurs passionnés en même temps que des détracteurs acharnés.

Pour terminer, rappelons que, vaillant patriote, Clésinger, en 1871, se mit à la tête d'une compagnie de francs-tireurs pour défendre sa malheureuse patrie.

Quelques années plus tard, le 3 janvier 1883, il sortait de table lorsque voulant se baisser, il tomba frappé d'une hémiplégie et mourut trois jours après.

VICTOR HUGO

Nous avons réservé pour en parler en dernier, celui des enfants de la Franche-Comté qui a été proclamé le plus grand génie littéraire de notre siècle : Victor Hugo, né à Besançon. Dans une de ses odes, que tout le monde connaît, il nous donne lui-même la date de sa naissance : « Ce siècle avait deux ans.... »

Son père, général de l'empire, se faisait accompagner par sa famille dans les différentes contrées où l'appelait son service. C'est ainsi que Victor Hugo dans son enfance, en parcourant la France, l'Italie, l'Espagne, reçut d'ineffaçables impressions que ses œuvres devaient refléter. Sa mère, qu'il adorait, uniquement dévouée à l'éducation de ses trois fils, eut sur le futur poète une influence marquée. Il était en Espagne en 1811 et l'année suivante étudiait dans un collège de Madrid, où la langue et la littérature du pays lui devinrent aussi familières que celles de sa propre patrie.

Rentré en France, le général engagea son fils à se préparer à l'Ecole polytechnique, mais ce n'était pas dans la carrière des armes que Victor Hugo devait s'immortaliser.

En souvenir du brave soldat dont il dit :

Mon père, ce héros au sourire si doux.

. . . .

Victor Hugo devait conserver un culte pour les gloires militaires du premier empire qu'il a si magnifiquement célébrées ; par l'influence de sa mère, il dut tout d'abord être royaliste et le premier grand succès qu'il obtint fut la récompense d'une ode admirable composée sur la mort du duc de Berry. Vers la même époque, l'Académie française ayant mis au concours : *Des avantages de l'étude*, il remportait une mention. Trois fois, l'Académie des jeux floraux de Toulouse avait couronné ses envois. Alors son père, qui eût cependant préféré lui voir endosser l'uniforme, ne contraria plus sa vocation.

A partir de ce moment, Victor Hugo ne cessa plus d'écrire. En 1820 il fondait le *Conservateur littéraire* avec un de ses frères, qu'il perd plus ard, et à qui il adresse cet adieu :

Doux et blond compagnon de toute mon enfance,
Oh ! dis-moi maintenant, frère marqué d'avance
Pour un morne avenir
Maintenant que la mort a ranimé ta flamme,
Maintenant que la mort a réveillé ton âme
Tu dois te souvenir.

Nous n'avons l'intention de parler ici, ni de l'homme privé ni de l'homme politique, nous ne prenons que l'écrivain, le poète que ses œuvres ont placé au premier rang ; cependant à propos des changements d'opinions qu'on a le droit de reprocher à Victor Hugo nous citerons seulement ce que son beau-père en pensait et nous croyons qu'il a raison : « Victor Hugo a la même antipathie que sa mère pour le despotisme, et s'il s'est éloigné successivement de quelques partis politiques, c'est qu'il l'y avait rencontré contre son attente. Je suis convaincu que Victor sympathisera toujours avec ceux qui, quelle que soit la forme du gouvernement, voudront sincèrement la véritable liberté, une liberté sage, une liberté pour tous, sans exception de partis, une liberté pratique : liberté dans la pensée comme dans les actes de la vie civile. »

Quant à ses croyances religieuses, il n'a cessé de les affirmer : l'existence de Dieu, l'immortalité de l'âme, la Providence et la justice divines sont à chaque page exaltées dans ses vers.

Victor Hugo a tant produit et dans tant de genres différents qu'il est permis de croire que le meilleur moyen de rendre hommage à son immense génie, c'est de citer ses œuvres dont quelques-unes furent si vivement discutées à leur apparition et qui malgré toutes les résistances se sont imposées.

Chef reconnu de l'École romantique, il eut à soutenir une lutte sans précédent et c'est surtout au théâtre que cette lutte fut terrible : les louanges enthousiastes de ses admirateurs étant au diapason des anathèmes de ses détracteurs, la représentation de la plupart de ses drames donna lieu à de véritables batailles. Plusieurs furent interdits. par exemple *Marion Delorme* (1831) que la censure empêcha de jouer à cause. dit-on, du rôle donné à Louis XIII. Malgré cela, pour dédommager l'auteur, on lui offrit une pension de 6 000 francs qu'il refusa.

Dans son théâtre nous trouvons : *Marie Tudor*. *Lucrèce Borgia*, le *Roi s'amuse*, *Cromwell* (dont la préface contient en quelque sorte la profession de foi littéraire du maître qu'on pourrait résumer en ces mots : Le beau et le laid. le rire et les larmes, le sublime et le grotesque sont inséparables et l'écrivain ne peut renoncer à les mettre en présence) ; *Angelo*. *Hernani* (1830) un de ses meilleurs drames, après la représentation duquel les amis de Victor Hugo triomphants, dansèrent dans le foyer même du Théâtre français une ronde échevelée en chantant « Enfoncé Racine ».

L'Académie qui plus tard s'honora en appelant Victor Hugo dans son sein, scandalisée d'une telle escapade, demanda à Charles X de réduire au silence les révolutionnaires mais le roi répondit : « En fait d'art je n'ai d'autre droit que ma place au parterre. »

Ruy-Blas parut en 1838 et fut heureusement interprété par Fréd. Lemaître. Cet artiste, à une des premières représentations de la pièce, rappelé par les bravos frénétiques des assistants qui le couvraient de couronnes, eut l'idée aussi ingénieuse que délicate, de s'approcher du trou du souffleur pour lui demander le manuscrit, sur lequel il posa une des couronnes qu'il avait reçues ; renvoyant ainsi à l'auteur les applaudissements dont il était l'objet. Plus tard on joua les *Burgraves*, trilogie dramatique qui eut peu de succès.

Dans ses poésies, rappelons les *Orientales*, si bien nommées, si pleines de fraicheur, d'élégance, de couleur locale ; la seconde partie des Odes et Ballades ; les *Feuilles d'automne* ; les *Chants du crépuscule* ; les *Rayons* et les *Ombres*, les *Voix intérieures*, etc., etc.

Peu après la révolution de juillet paraissait *Notre-Dame de Paris*, roman dans lequel revit le moyen âge et qui eut la gloire, en célébrant les beautés archéologiques de cette intéressante époque, de remettre en honneur un style architectural dont alors on dédaignait les chefs-d'œuvre qui maintenant, restaurés et admirés comme ils méritent de l'être, sont un des triomphes de l'art français.

En 1841 Victor Hugo était nommé académicien ; deux ans plus tard, il éprouvait la plus grande douleur qui pût l'atteindre, sa fille Léopoldine se noyait à Villequier avec son mari, M. Charles Vacquerie, mort que le poëte déplore d'une façon si touchante dans cette pièce de vers :

Oh ! je fus comme un fou dans le premier moment,
Hélas ! et je pleurai trois jours amèrement.
Vous tous à qui Dieu prit votre chère espérance,
Pères, mères, dont l'âme a souffert ma souffrance,
Tout ce que j'éprouvais, l'avez-vous éprouvé ?
Je voulais me briser le front sur le pavé ;
Puis je me révoltais, et, par moments, terrible,
Je fixais mes regards sur cette chose horrible,
Et je n'y croyais pas, et je m'écriais : « Non !
Est-ce que Dieu permet de ces malheurs sans nom
Qui font que dans le cœur le désespoir se lève ? »
Il me semblait que tout n'était qu'un affreux rêve,
Qu'elle ne pouvait pas m'avoir ainsi quitté,
Que je l'entendais rire en la chambre à côté,

Que c'était impossible enfin qu'elle fût morte,
Et que j'allais la voir entrer par cette porte !
Oh ! que de fois j'ai dit : « Silence ! Elle a parlé !
Tenez ! Voici le bruit de sa main sur la clé !
Attendez ! Elle vient ! Laissez-moi, que j'écoute !
Car elle est quelque part dans la maison sans doute. »

Victor Hugo a été un infatigable travailleur, avec la renommée il avait acquis la fortune mais il ne se reposa jamais. On pourrait encore dans ses œuvres rappeler : *Han d'Islande, Bug-Jargal, le Dernier jour d'un Condamné, Voyage sur les bords du Rhin*, etc., etc. Les premiers sont des œuvres de jeunesse.

Après le coup d'État (décembre 1851) Victor Hugo se retira à Jersey, puis à Guernesey, d'où il ne revint en France qu'après la chute de l'Empire. C'est dans ces iles charmantes qu'il composa successivement : *les Châtiments, les Contemplations, la Légende des siècles, les Chansons des rues et des bois, Napoléon le Petit, les Misérables, les Travailleurs de la mer, l'Homme qui rit.*

Rentré à Paris où les ovations lui furent prodiguées, il continua d'écrire. La guerre de 1870-71, et les malheurs qu'elle attira sur la France et sur Paris, lui inspirèrent l'*Année terrible*, où l'on retrouve chez le poète, déjà vieux, la même force, la même énergie que celles qui rendent si remarquables ses œuvres de jeunesse. Victor Hugo aimait passionnément les enfants, et il semble que leur gaieté, leur candeur, leur naïveté l'inspirent et dirigent sa plume quand il s'occupe d'eux. *L'Art d'être Grand-Père* est le fruit de la vieillesse du poëte.

Pour terminer disons qu'on a beaucoup vanté l'humanité, la tolérance, la mansuétude de Victor Hugo : il devait posséder ces qualités s'il pensait sincèrement ce qu'il a écrit.

La maison de Victor Hugo était ouverte à tous les talents. Pierre Dupont qui a eu lieu d'être reconnaissant au poëte de l'accueil qu'il en a reçu, l'a remercié de la manière la plus gracieuse et la plus poétique dans les vers suivants, que nous ne pouvons résister au désir de citer tant ils nous paraissent charmants :

Si tu voyais une hirondelle
Un jour d'hiver te supplier,
A ta vitre battre de l'aile,
Demander place à ton foyer,

Si tu voyais une anémone
Languissante et près de mourir,
Te demander, comme une aumône,
Une goutte d'eau pour fleurir,

L'hirondelle aurait sa retraite,
L'anémone, sa goutte d'eau,
Que ne suis-je, pauvre poëte,
Ou l'humble fleur, ou l'humble oiseau.

Sous ton regard, douce rosée
Depuis l'anémone a fleuri :
L'hirondelle a vu ta croisée
Offrir à son aile un abri.

Ton foyer est plein d'étincelles,
Ta vitre, pleine de lueurs ;
L'hirondelle y chauffe ses ailes,
L'anémone y donne ses fleurs.

En échange de cette aumône,
Reçois, à chaque renouveau,
Tous les parfums de l'anémone,
Toutes les chansons de l'oiseau.

La France a fait à Victor Hugo des obsèques magnifiques et a placé sous l'arc de triomphe, qu'il avait chanté dans ses vers, le cercueil du poète, transporté ensuite au Panthéon. Nous terminerons cette courte notice en rapportant les paroles suivantes que M. Leconte de Lisle prononça en prenant possession du fauteuil académique que la mort de Victor Hugo venait de rendre vacant : « Dans le cours de sa longue vie, traversée par tant d'ardentes luttes littéraires et politiques et de grandes douleurs, et surtout dans sa vieillesse vénérable, apaisée et souriante, Victor Hugo a reçu la récompense due au plus éclatant génie lyrique qu'il ait été donné aux hommes d'applaudir. Le monde civilisé lui a rendu un hommage unanime. La profonde et lugubre pensée d'Alfred de Vigny : « La vie est un accident sombre entre deux sommeils infinis », si vraie qu'elle puisse être, n'a point troublé ses derniers moments. Il est mort plein de jours, plein de gloire, entouré du respect universel, auréolé de l'illusion suprême, conduit triompalement au Panthéon par un million d'hommes et léguant aux âges futurs une œuvre et un nom immortels. »

La liste des enfants illustres de la Franche-Comté est loin d'être épuisée avec les biographies qui précèdent. Nous avons pris un peu au hasard dans toutes les époques de notre histoire et nous espérons avoir réussi à prouver ainsi, en prenant sans méthode de sélection, que ce pays riche de tant de beautés naturelles est non moins riche par la valeur de ses habitants, lesquels, dans toutes les carrières, dans toutes les professions, dans tous les temps, ont fourni leur très large contingent d'illustrations.

Nous pensons, si l'avenir peut se prévoir d'après le passé et le présent, avoir aussi prouvé que la Franche-Comté saura toujours se montrer à la hauteur des circonstances, aussi bien dans les travaux pacifiques que dans les luttes de la guerre. Certes celle-ci ne se fait plus comme dans les temps anciens : la valeur seule n'assure plus le succès ; à tous les courages qui sont nécessaires au soldat, il faut joindre la science. Par les hommes illustres dans les sciences et dans l'art militaire que la Franche-Comté a produits, nous pouvons juger que sa fécondité n'est pas épuisée et que si des moments difficiles venaient à se présenter de nouveau, la France trouvera, soit chez elle, soit chez ses enfants, les moyens de repousser le danger.

Placée en première ligne, cette province est à un poste d'honneur qu'elle saura toujours occuper avec gloire.

Ce qui nous permet de prévoir cet avenir c'est le grand nombre des Francs-Comtois remarquables qui vivent aujourd'hui. Nous n'en avons pas parlé car juger impartialement les contemporains est une chose bien difficile pour ne pas dire impossible. C'est une triste vérité, mais c'est la vérité qu'un homme ne peut être justement apprécié qu'après être descendu dans la tombe alors que les injustices dont il a pu souffrir ne peuvent plus être efficacement réparées pour lui.

Nous laisserons donc à ceux qui viendront après nous le soin d'écrire la vie de nos contemporains célèbres ; ils le feront avec le calme et l'impartialité avec lesquels nous avons parlé des hommes des siècles écoulés et bien mieux que nous ne le pourrions faire aujourd'hui.

Nous constaterons seulement, à la gloire de la belle province que nous venons d'étudier, que la tâche de ces historiens ne sera pas petite, les célébrités ne manquant pas ; et ils montreront ainsi que dans tous les temps, la Franche-Comté inébranlable et forte comme ses montagnes, continuera à occuper et à tenir dans tous les rapports une place digne de son passé.

12

TABLE DES MATIÈRES

—

Pages

Considérations générales sur la Franche-Comté :
Influence du climat sur le caractère. — Bornes de la
Franche-Comté. — Sol et montagnes de la Franche-
Comté. — Essences principales du Jura. — Compa-
raison du Jura avec les Alpes et les Pyrénées. —
Aspect de la contrée. — Cours d'eau. — Industrie.
— Histoire. — Caractère du peuple.   3

Département du Doubs : Bornes de ce département.
— LE DOUBS et ses affluents — LA LOUE. — BESANÇON :
sa situation, son histoire, ses monuments. — BAUME-
LES-DAMES : sa situation, son histoire, ses monuments.
— MONTBÉLIARD : sa situation, son histoire, ses mo-
numents. — PONTARLIER : sa situation, son histoire,
ses monuments. — LE FORT DE JOUX. — Anecdote sur
le fort de Joux. — AMANCEY. — ARC-ET-SENANS. — AU-
DINCOURT. — BLAMONT. — CHARMANVILLIERS. — CLERVAL.
— MONTGESOYE. — MORTEAU. — MOUTHIER. — ALEXANDRE
JACQUIER. — ORNANS. — QUINGEY. — VUILLAFANS. . . .   12

Département du Jura : Bornes de ce département.
— L'AIN et ses affluents. — LONS-LE-SAULNIER : sa
situation, son histoire, ses monuments. — DÔLE : sa
situation, son histoire, ses monuments. — POLIGNY :
sa situation, son histoire, ses monuments. — SAINT-
CLAUDE : sa situation, son histoire, ses monuments.
SAINT-AMOUR. — ARBOIS. — CHAMPAGNOLE. — CONLIÉGE.
— SAINT-LOTHAIN. — MONTMOROT. — MORIEZ. — ORCHAMPS.
— ORGELET. — SALINS.   28

Département de la Haute-Saône : Bornes de ce
département. — LA SAÔNE et ses affluents. — VESOUL :
sa situation, son histoire. — GRAY : sa situation, son
histoire, ses monuments. — LURE : sa situation, son
histoire, ses monuments. — BEAUJEU. — HÉRICOURT.
— LUXEUIL. — RAY-SUR-SAÔNE : Curiosités naturelles
de ce pays.   36

Grands hommes de la Franche-Comté.

CALIXTE II. 43
NICOLAS ET ANTOINE GRANVELLE. 47
LE MICHAUD D'ARÇON. 54
SUARD 60
ROMÉ DE LISLE. 65
DESAULT. 70
SŒUR MARTHE 76
JOUFFROY D'ABBANS. 81
MONCEY. 92
PERCY. 104
LECOURBE. 109
ROUGET DE LISLE. 114
CUVIER. 119
FOURRIER. 128
PAJOL. 134
DROZ 139
NODIER. 144
GIGOUX. 155
BARON. 158
COURBET. 158
SOITOUX. 163
CLÉSINGER. 164
V. HUGO. 166

7873. — Paris Imp. A. LaGuillot et A. Julien, 7, rue des Canettes.

ORIGINAL EN COULEUR
NF Z 43-120-8

www.ingramcontent.com/pod-product-compliance
Lightning Source LLC
Chambersburg PA
CBHW070411090426
42733CB00009B/1627